英 烈 故 事 丛

◎蒋祖烜 主编 ◎马德伟

军中智囊
蔡申熙

湖南人民出版社

图书在版编目（CIP）数据

军中智囊·蔡申熙 / 马德俊著. —长沙：湖南人民出版社，2019. 10（2019.12）
（英烈故事丛书 / 蒋祖烜主编）

ISBN 978-7-5561-2218-9

Ⅰ. ①军… Ⅱ. ①马… Ⅲ. ①蔡申熙（1906—1932）—生平事迹
Ⅳ. ①K825.2

中国版本图书馆CIP数据核字（2019）第194595号

JUNZHONG ZHINANG CAI SHENXI

军中智囊·蔡申熙

主 编	蒋祖烜	
著 者	马德俊	
责任编辑	龙妍洁妮	
装帧设计	杨发凯＋见所创意设计工作室	
责任印制	肖 晖	
责任校对	贺 娅	

出版发行	湖南人民出版社 [http://www.hnppp.com]	
地 址	长沙市营盘东路3号	
邮 编	410005	
经 销	湖南省新华书店	

印 刷	湖南凌宇纸品有限公司	
版 次	2019年10月第1版	
	2019年12月第2次印刷	
开 本	880 mm × 1230 mm 1/32	
印 张	5.25	
字 数	55千字	
书 号	ISBN 978-7-5561-2218-9	
定 价	25.00元	

营销电话：0731-82683348 （如发现印装质量问题请与出版社调换）

前 言

　　英雄是民族最闪亮的坐标，一个有希望的民族不能没有英雄。中华民族是崇尚英雄、英雄辈出的民族。在中华民族伟大复兴进程中，无数英烈为民族独立、国家富强前赴后继、英勇献身。他们以热血浇灌理想，用生命捍卫信仰，构筑起一座座不朽的精神丰碑。他们的事迹和精神是激励我们砥砺前行的强大动力。

　　值此中华人民共和国成立70周年纪念之际，为缅怀英烈、歌颂英雄，铭记历史、凝聚力量，我们组织编写了"英烈故事"丛书。

　　丛书以中央有关部门"捍卫英烈形象主题宣传人选名单"的英烈为叙事对象，每位（组）烈士单独成册，分批推出。用英烈生平事迹，彰显英烈精神的时代价值；用通俗的故事化表达，强化丛书内容的感召力。着力讲好英烈故事，传颂好英烈"未惜头颅新故国，甘将热血沃中华"的献身精神、"为有牺牲多壮志，敢教日月换新天"的凌云壮志，为理想信念和社会主义核心价值观宣传教育，提供一套有思想、有温度的学习参考读物，引导营造崇尚英雄、学习英烈、捍卫英烈的浓厚社会氛围。

"两个一百年"奋斗目标是当代中国共产党人最重要最现实的使命担当，也是中华民族伟大复兴的百年宏愿。实现我们的目标，需要英雄，需要英雄精神。让我们更加紧密地团结在以习近平同志为核心的党中央周围，以英烈精神激发社会干事创业的磅礴之力，勠力同心，让承载着近14亿中国人民伟大梦想的中华巨轮，继续劈波斩浪，扬帆远航，胜利驶向更加美好的明天。

编　者

2019 年 10 月

英烈小档案

　　蔡申熙（1906—1932），湖南株洲醴陵人。黄埔军校一期毕业生，1924年加入中国共产党，参加过北伐战争、南昌起义、广州起义。1928年起，历任中共江西省军委书记、中共中央长江局军委书记。1930年参与组建中国工农红军第十五军，任军长，参加第一次反"围剿"。1931年任红四军第十师师长、中共鄂豫皖特委委员兼军委副主席，率部参加磨角楼、新集、双桥镇等战斗。同年5月起任彭杨军事政治学校校长，为鄂豫皖苏区培养大批军政干部。1932年任红二十五军军长，参加第四次反"围剿"，予敌重大杀伤。9月底，为掩护红四方面军主力出发西进，在湖北黄安（今红安）河口镇地区作战中壮烈牺牲。1989年被中央军委审议评定为共和国36位军事家之一。

目　录

1906 年 2 月 12 日，蔡申熙出生在湖南醴陵一个贫苦佃农家庭，兄妹 8 人，他是家中长子。蔡申熙原名升熙，字旭初，乳名"润伢子"，参加革命后，曾改名为申熙、中熙、申西及刘辑明、蔡冰坚等。

蔡申熙 7 岁时，父亲蔡志廉节衣缩食，送他入私塾。他十分用功，一年后转入附近的初小学习，又两次跳级，提前两年完成学业。1918 年，他考入离家 5 公里远的永龙庵高级小学，上学读书，下学就打猪草或者做农活。不久，北洋军阀张敬尧与湘军大战，当地人叫"走北兵"，在醴陵烧杀抢掠，报纸报道，"株洲一镇，商户数千家，同遭浩劫，攸县皇图岭一役，被奸而死者，至于女尸满山，杀人之多，动辄数万"，可谓是"渌江桥头万鬼哭"。蔡申熙目睹战场尸横遍野，家乡十室九空，对军阀极为痛恨。

家中人口多，生活困难，当初蔡申熙读私塾、小学和高小的学费都是家里省吃俭用、东挪西借，想尽办法凑的，现在兵荒马乱，百业凋零，家里只好要他放弃学业。

这天，蔡志廉把蔡申熙叫到跟前，无奈地说："润伢子，现在家太穷了，你这书是读不成了，你去学个手艺，将来好谋碗饭吃。"懂事的蔡申熙答应了。

蔡申熙先后跟道士、郎中学"手艺"，但这些人都只当收了一个不用花钱的小长工，天天叫他放牛、喂猪，有时还强迫他去做些小孩子还干不了的重活，如挑水、砍柴等。蔡申熙虽然尽了最大努力去做这些事，但挑剔刻薄的主家还是经常打骂他。一天，他上山砍柴，脚板被刺刺破，鲜血直流，柴因此比往日砍少了些。回来后，主家大发脾气，骂他无用，是懒畜生，举棍打得他全身伤痕累累。蔡申熙忍受不了这种折磨，便跑回家去。父母十分难过，但家里困难，只得忍着痛又把他送了回去。之后，主家对他的折磨并未减少，蔡申熙被逼得再次跑出来，又不敢回家，一头钻进附近的深山。他饿了吃野果，渴了喝沟塘水，直到第三天，才被村里一位上山砍柴的同宗发现，领回家里。他恳求父母说："我在家干活不怕吃苦，我有力气，种地砍柴养活你们，替你们还债，我再也不愿去帮工学徒了。"父母答应了，蔡申熙便辍学在家。这段艰难困苦的生活，让他认清了社会的黑暗和苦难，给他的内心埋下了反抗的种子。

蔡申熙向来以成绩优异闻名乡里。族中长者看到他肯读书，决定由蔡氏公堂出资，继续让他上学。1920年冬天，蔡申熙考上醴陵县立中学，被编在第7班，同班的还有邓文仪等。

醴陵县立中学设在县城渌江书院，校风严谨，在当地十分出名，教学上旧学、新学兼备，老师又比较开明，传播五四运动前后兴起的新文化。蔡申熙在这里接触到不少新的知识，眼界也开阔了。

此时，马克思主义在中国广为传播，新思想、新风气也在醴陵县涌动着。毛泽东、李立三、陈章甫等先后来到醴陵传播马克思主义。1922年冬，安源路矿的醴陵籍中共党员、工人纷纷回乡探亲访友，介绍安源路矿工人团结斗争，取得罢工胜利的事，宣传劳苦大众团结斗争求解放的道理，这让怀有救国救民之心的蔡申熙看到了更为光明的前景，也激起了他思想的进一步转变。

醴陵县共产党组织负责人孙筱山是县立中学庶务主任，在学校发展了一批中共党员。在学校党组织的领导下，蔡申熙常和同学参加校内外的社会活动，批判旧社会和反动势力。1923年春，全国各地掀起了抗议日本图谋长期霸占中国旅顺、大连的运动，蔡申熙等进步学生迅速行动起来，放暑假的时候，他和邓文仪等6位同学先后在当地的王仙镇、枧头洲等地反奸商、禁仇货，焚烧了几家商店的日货，宣传抗日爱国思想。

蔡申熙还与同学陈觉、陈恭、左权等30多人组织"社会问题研究社"，这个社团实际上是党的一个外围组织。研究社经常组织社员学习和探讨社会改革的问题，从事爱国学生运动。他们还主办了《前进》

周刊，宣传新思想，鞭挞时弊，在醴陵很有影响。

彼时，孙中山决心"以俄为师"，并"建立党军"，"使革命的武力成为民众的武力"。军政部部长程潜上书请求创办中央陆军军官教导团（后更名为陆军讲武学校），得到批准。考虑到未来武装斗争需要军事人才，中国共产党也决定从各地选派一些党、团员及进步分子去广州学习军事。这一天，孙筱山悄悄找到蔡申熙，问："广东孙中山大元帅府开办中央陆军军官教导团，到醴陵招生，你想去吗？"

蔡申熙十分高兴。在他眼里，参军救国不仅是谋生的出路，更是救国的义举，是驱逐列强、打倒军阀的绝好机会，他决心以实际行动报效国家，连忙答道："愿意去。"

当时统治湖南的是北洋军阀赵恒惕，所以中央陆军军官教导团在湖南招生是秘密进行的。孙筱山写了一封信，让蔡申熙到城内伍家巷维新旅社去和招生人员接头，蔡申熙很快就报上了名。最终，蔡申熙与左权、张际春、叶彧龙、邓文仪等12人通过了考试，被正式录取。

　　前来招生的负责人对蔡申熙等人说："广州现在是革命根据地，由孙中山先生领导。现在大家抱着爱国热情，愿意远道去粤，革命政府欢迎你们去。但革命政府经费不多，不能发给路费，需要你们自筹。这次来湘招生是秘密的，你们不要对外声张，可以分批走，三五个人、十几个人一批都可以，但务必于半月内动身，到广州后会有人接待你们的。"

　　临赴广州前，蔡申熙回到家乡花麦冲，向家人、族人和几位老师告别。1924年1月，他带着筹措到的35块大洋，在伍家巷维新旅社和其他被录取的同学会合。次日黎明，这群青年便迎着料峭的寒风，踏上了前去广州的路程。

　　他们历时12天，于1月中旬的一个夜晚到达当时的革命策源地广州。广州当时被誉为"东方的莫斯科"。当轮船驶进珠江口，看见珠江两岸的楼房墙壁上写有"共产主义是三民主义的好朋友！""打倒帝国主义列强！""打倒封建主义！"等字样的大幅标语时，蔡申熙等人非常兴奋，激动地相互拥抱，高声欢呼起来。

1924 年 3 月底，广州陆军讲武学校正式开学。蔡申熙被分配在第一队第一区队。

当时广州有多个以各种名目办的军校。在有些学校里，饮酒作乐、打牌掷骰、寻花问柳的"兵油子"和吸食鸦片的"双枪兵"随处可见。蔡申熙痛感时局动荡，世风日下。他认为，革命青年当兵不是为了吃粮，而要承担匡救时艰的重任，必须洁身自好。7 月，讲武学校内的水塘里，荷花盛开，蔡申熙与左权、陈启科、陈明仁等 20 余人，决定组织一个革命团体。他们憎恶社会的黑暗，决定依据莲花"出淤泥而不染"的精神，将这个团体定名为

"莲社"。蔡申熙、陈明仁、左权被人们称为"莲社三雄"。由于学校中的各种限制，莲社成立后没能很好地坚持开展活动，但蔡申熙立志要做一枝"众人皆浊我独清"的"君子莲"，而且这种决心越来越坚定。

在讲武学校中，蔡申熙常与左权等同学一道探讨人生理想和国家的前途。他曾对左权说："非武装不能拯救中国。"所以，他吸收新知、钻研战术、参加辩论，学习和训练都十分认真。

广州陆军讲武学校名义上属于革命政府，却用日本那一套方法管理学校——不准看报纸，不准与外界接触，要求学生绝对服从，有时还打骂体罚学生。这当然使蔡申熙这样的热血青年感到压抑而不满。1924年，孙中山创办黄埔军校。在陆军讲武学校学习的很多人耳闻黄埔火热的训练情况、民主先进的办学理念，羡慕不已。

1924年8月，买办陈廉伯以广州商团购械的名义，购得步枪9000余支，并有手枪及手提机关枪多支，陆续以轮船运至广州，准备扩大商团组织，对抗广州革命政府。孙中山遂令舰船扣押运枪船只。陈廉伯等见事已败露，以"扣械"事件为借口，大造舆论，怂恿商店罢市，要挟政府。当时英帝国主义者暗中支持商团，驻在广州的滇军也暗地与商团勾结。10月10日，广州各界为庆祝辛亥革命13周年举行集会游行，经过西关码头西壕口时，陈廉伯势力竟向游行者开枪，当场打死20余人，其中有4个黄埔学生，同时又第二次迫令商团一律罢市，且在西关等处构筑堡垒，张贴"驱逐孙文""打倒孙政府"等反动标语，企图联络陈炯明夺取广州。广州局势危急。

在中国共产党、苏联顾问和广大人民群众的支持下，14日，孙中山下令蒋介石指挥平定商团叛乱。蔡申熙所在的陆军讲武学校第一队、第二队学员也参加了这次斗争。这是蔡申熙第一次参加实战。他肩扛钢枪，全副武装，严阵以待，在广州观音山地区担任警戒任务。西关商户众多，堪称广州的"金库"。战争中，有些商铺火光四起，有些湘军、福军借机抢掠财物，还有些人看到为之心动，也想去捞上一把。蔡申熙叫上莲社的同学上街巡视，与黄埔军校的学员们一起制止抢掠行为。

西关很快被攻破。陈廉伯见形势不利，逃到沙面租界英国领事馆。此次平定商团叛乱，让蔡申熙和同队的学员们一起得到了实战的锻炼。蔡申熙也因为机智勇敢和执行任务坚决，严守纪律，受到了表扬。

1924 年 11 月，蔡申熙、左权、陈赓、陈明仁、李默庵等 158 人经过申请，由陆军讲武学校转入黄埔军校。黄埔军校一期原有 4 个学生队。蔡申熙等被编为第六队。蔡申熙在步兵科学习。那时正是国共合作的蜜月期，所有在黄埔军校的，不论是教官还是学生，都必须集体填表加入国民党。蔡申熙在转学后不久，也加入了国民党。

黄埔军校一扫旧军队的习气，给蔡申熙的生活带来了新变化。一天"四操三讲"，又是学科，又是术科，晚上还要自习，非常紧张。操场紧靠珠江，涨潮时水漫过了脚，照样要踏着水出操。学生们天天高唱校歌，嘹亮的歌声，响彻全岛。蔡申熙"步兵操典""射击教范""战术学""兵器学"等课程成绩，门门优秀。学校进行野外演习和夜间演习时，他都临场不乱，表现得很出色。

当时黄埔军校把战争视为学习的大课堂，学员在学习的同时，还承担着作战任务。军校每次作战，上自校长蒋介石、军事顾问加伦，下至各科教官，都随队出征，利用战斗间隙教学，活学活用。这些为后来蔡申熙管理彭杨军校以及率领部队作战，打下了基础。

学校还规定，"社会主义、共产主义、马克思主义等书籍，本校学生均可阅读"。周恩来到黄埔军校任政治部主任后，在学生中积极开展政治工作。蔡申熙常听周恩来、恽代英等共产党人讲课，受到了爱国主义和共产主义思想的熏陶，又与蒋先云、陈赓、许继慎、王尔琢等中共黄埔特别支部成员交往密切，思想进步很快。而在第6队学生中，蔡申熙训练成绩突出，为人忠厚实在，注重政治学习，作风正派，革命立场坚定，党组织也注意到了这一点，并开始着重对他进行培养。

1924年底的一天，蔡申熙正坐在教室里看书，陈赓走到他面前，邀他到外面走走。两人来到草地上，蔡申熙刚坐定，陈赓便直截了当地问道："你相信共产党吗？"

蔡申熙真诚地回答："相信。"

陈赓又问："你了解共产党吗？"

蔡申熙很直率地说："它为工农利益奋斗，是进步的党。"

陈赓笑了笑，说："有一个人要见你。"

蔡申熙急忙问："谁？"

"军校政治部的周主任。"

蔡申熙很惊讶："周恩来主任！真是想不到！"

陈赓说："正是他，时间是今天晚上8点。咱们和你的老乡史书元一起去。"

蔡申熙很兴奋，周恩来在黄埔军校有极高的威望。前阵子，陈赓、周逸群曾和自己说起加入共产党的事，他隐隐猜到晚上可能有重要的事情发生。傍晚，蔡申熙和史书元、陈赓一起来到周恩来的住所。周恩来正在写字，看到他们连忙停笔起身，与他们一一握手，并招呼他们坐下。

陈赓简单介绍了下蔡申熙和史书元。周恩来笑着说："你们三个是湖南老乡，你们两个又是醴陵小老乡，程潜也是你们的同乡。湖南好啊……"亲切的话语一下子安抚了蔡申熙的紧张情绪。他和史书元认真回答着周恩来询问的几个问题，越谈越投机。

这时，站立在一边的陈赓说："经过我和周逸群的考察，蔡申熙和史书元同学符合共产党员的条件，我们愿意作他们的入党介绍人！"

当晚，周恩来以给蔡申熙、史书元上了第一堂党课。

第二天傍晚，蔡申熙、史书元又来到周恩来住处，陈赓、周逸群已先到。蔡申熙、史书元填写了中国共产党党员申请书，在周恩来的带领下，举手庄严宣誓为共产主义事业奋斗终身。

在东征、平叛中成长

1925年1月，在中国共产党的积极倡议和推动下，广东革命政府发表东征宣言。东征主力是黄埔军校学生军的两个教导团（又称"党军"），共三千余人。蔡申熙被分在黄埔军校教导第二团第3营，任少尉排长。教导团的军事装备几乎都是苏联供给的，武器精良，团里也仿照苏联红军的建军原则，建立了政治工作制度，全军士气高涨，军纪严明。

2月14日拂晓，在进攻淡水时，蔡申熙作为敢死队员参加了战斗。敌人的子弹迎面射来，打得城墙外面菜地上的菜叶沙沙作响，他心中不免有些紧张。但听到冲锋号吹响，他立刻抛开一切，和敢死队员们冒着枪林弹雨，一口气冲到城墙脚下，再顺着梯子爬上城墙……淡水一役，打破了陈炯明所谓淡水"固若金汤"的神话。蔡申熙等人英勇作战，使教导第二团获得"党军荣誉"旗。

在东征淡水的战场上，黄埔军校宣布蔡申熙等第六队学员毕业，并在淡水举行了毕业仪式，在梅县时，向这批学员颁发了毕业证书。

黄埔军校在中国革命史上留下了浓墨重彩的一笔。众多黄埔军校毕业生，特别是黄埔一期毕业生，很多后来都成为国共两党赫赫有名的将帅。时代久远，该校第一期学生的毕业证书也显得弥足珍贵。蔡申熙的这张毕业证书是一张发黄的纸印制的，上面书写着：

卒业证书

本校第壹期学生蔡昇熙按照本校规定步兵科教育修学期满考试及格特给证书

海陆军大元帅陆军军官学校总理　孙文

校长　蒋中正

党代表　廖仲恺

中华民国十四年三月一日给

在这张证书上，左上方图案为青天白日国民党党旗，右上方为青天白日满地红国旗，中间是孙中山头像。证书四角小字是"三民主义"。证书中央印字为黄底白字描红边隶书体："陆军军官学校毕业证书，革命尚未成功，同志仍需努力。"证书中下方印有斧头、镰刀、步枪交叉的图案。这张毕业证书现存放在国家军事博物馆中，成为第一次国共合作蜜月时期珍贵的历史文献之一。

攻克淡水后，黄埔学生军士气高涨，接下来分别攻克潮州、汕头。通向陈炯明东江老巢的道路已经打通，第一次东征胜利结束。

4月，黄埔军校教导第一、二团和不久前成立的教导第三团组成国民党党军第一旅。5月，驻粤滇军、桂军企图推翻广州革命政府，第一旅奉命撤离东江，回师广州。蔡申熙由排长提升为副连长，随军参与平乱。8月，国民政府所部粤军、湘军、滇军统一整编为国民革命军，共6个军。蔡申熙所在部队编为第一军，他任第一军第一师第一团副连长。10月，国民政府下达了第二次东征行动命令。蔡申熙所在部队属于右路，任务是攻取惠州要塞和陈炯明老巢海陆丰地区。东征军两天之内攻下惠州城，蔡申熙因攻城有功，升任连长。

东征胜利了，但工人运动、农民运动的崛起，反帝反封建革命浪潮的高涨，共产党影响的扩大，使蒋介石等人坐立不安。蒋介石尤其把活跃在革命军和黄埔军校中的党员、团员视为心腹大患。1925 年 3 月 20 日，蒋介石扣留中山舰及其他舰只，包围省港罢工委员会，收缴其卫队枪械，此即"中山舰事件"。5 月，蒋介石又提出了"整理党务决议案"。

原来第一军的军官中，共产党员占了 1/5，为这支党军的发展壮大作出了巨大的贡献，此时都被蒋介石逼出了第一军。如原教导二团 2 营营长蒋先云，换成了胡宗南。年轻的蔡申熙以国民党左派青年的身份积极参与军校内部两派尖锐、复杂的斗争。在李默庵、郑洞国等 39 人宣布退出共产党的严峻时刻，蔡申熙为共产主义事业奋斗终身的意志却愈加坚定。后来，蒋先云、陈赓、许继慎等人毅然公开自己的共产党员身份，宣布退出国民党和他们曾流着血参与缔造的第一军。根据周恩来的指示，蔡申熙等一批没有暴露身份的共产党员仍留在第一军。

北伐路上

肃清了陈炯明盘踞在广东的残余势力后，人民群众要求广州国民政府出师北伐，用武力推翻帝国主义和封建军阀在中国的统治的呼声越来越高。

当时的北洋军阀内部存在着三股势力——直系军阀首领吴佩孚军队约20万人，从直系独立出来的军阀孙传芳军队约20万人，奉系张作霖军队兵力在35万人以上。这三股军阀势力总共有兵力70多万，在人数上大大超过北伐军，且占有中国广大区域，但北洋军阀的残暴、腐朽统治早已激起全国人民的强烈反对，失尽人心。同时，三大派系之间不相为谋，无法协同作战。这些均为北伐胜利提供了有利条件。

蔡申熙在北伐前被任命为第一军第一师第三团营长，团长为薛岳。第一军有 4 个师，第一师作为总预备队，在左路跟进。北伐大军一路所向披靡，攻占汀泗桥、贺胜桥之后，进逼武汉。吴佩孚看到战局危殆，一面重新部署兵力，企图固守，一面向孙传芳求助。孙传芳此时也发现大事不妙，感到国民革命军下一个打击目标就是自己，于是组织 15 万大军，以"援吴"之名向湖北战场开进。当北伐军合围武昌时，第一军第一师以及其他各军，已和孙军前锋发生遭遇战，北伐中的第二大战役——南昌大会战的序幕就此揭开。

9 月 5 日，北伐军右路兵分三路，出兵江西，杀向孙传芳部。蔡申熙由此正式参加北伐战斗。南昌为程潜第六军攻克。孙传芳听说南昌被北伐军攻占，又惊又怒，立即调集数万精兵准备南下夺回南昌，同时命令驻牛行车站的部队死守，等待援军南下。

赣江西岸的牛行车站是从北方进入南昌的重要门户，敌人派重兵把守，修筑了不少壕沟和碉堡。第二天拂晓，总攻开始，蔡申熙所在团奉命冲向敌阵，但被敌人的强大火力压制，连续几次进攻均未奏效。

很快，两军进入白刃战，枪炮声和喊杀声震撼天地。作为营长，蔡申熙身先士卒，挺着刺刀冲上去，一连捅倒几个敌人，最后在与一个大个子敌人拼刺刀时，两人也不叫喊，默默交锋，幸亏体力好，蔡申熙最终将敌兵刺死。

但由于军、师部指挥不力，南昌城再次陷入敌手。北伐军不得不向西南奉新方面撤退。这一退，打乱了江西战场的整个战局，使北伐军全军陷入十分被动的局面。蔡申熙参加北伐的第一场战斗也就这样草草结束。他心里不禁窝了一口闷气。东征战役中赫赫有名的第一军，在北伐中到现在还没有建树。

10月12日，蒋介石下令部队强渡赣江，合围南昌。蔡申熙所在部队前往增援李宗仁第七军。为洗第一次攻打南昌之耻，薛岳仿照当初东征时的办法，组建4支奋勇队（敢死队），冒死攻城，蔡申熙积极参加。连战3天，奋勇队死伤无数，一些队员一度突入城内，与敌军展开殊死搏斗，但由于后援部队无法跟上，奋勇队员遭到敌军猛烈反扑，被分割包围，无法立足，敌人趁势杀出，北伐军大败。蒋介石不得不下令撤退。第二次攻打南昌宣告失败。

10月下旬，北伐军主攻部队占领武昌，蒋介石决定北伐军向东推进，再次向孙传芳的部队发起总攻。11月4日，蔡申熙所在的第三团，终于打下了赣江西岸的牛行车站。这里与南昌只一江之隔。南昌之敌不战而逃，仅蔡申熙所在的营就俘获敌人一营之兵。11月9日，北伐军攻占南昌。蔡申熙随第一师驻守南昌。

攻克南昌后，北伐军开始实施了东下沪杭的军事计划。第一师作为先头部队，于12月进入浙江境内。1927年2月1日，也是除夕夜，蔡申熙奉薛岳之命（1926年12月，北伐军司令部任命薛岳为第一师师长），率一个营夜袭嘉兴河对岸敌军，以一营之力，击散敌一团之兵。因作战有功，他受到表彰。在广大民众的支持下，蔡申熙所部北伐军陆续光复嘉兴各县。3月，蔡申熙随部来到松江火车站，向上海进发。

这时的上海已经被共产党领导的工人武装解放了。3月22日，薛岳应上海总工会代表的要求，率第一师开进上海，受到了广大市民的热烈欢迎。薛岳此时信仰"联俄、联共、扶助农工"的新三民主义。工人掌握了政权，在他看来是北伐胜利的一大成果，可蒋介石、白崇禧等人却不这么认为，一场"清党"的阴谋正在秘密酝酿着……

1927年4月12日，白崇禧依靠上海帮会，制造了震惊中外的"四一二"反革命政变，开始了一场空前的大屠杀。停泊在黄浦江上的外国兵舰的大炮，都褪了炮衣，指向上海市区。蒋介石在南京成立国民政府，与武汉政权相对抗，又发出通缉令，悬赏8万块大洋要周恩来的头颅。根据斗争需要，党决定让周恩来秘密离开上海，乘船去武汉。蔡申熙等人也接到周恩来的撤离通知。他独自悄悄离开军营，躲到上海市郊一个棚户区老百姓家里，20多天没有出来。房东是个老婆婆，对他很好，提供了20多天的食宿，保护了他。上海脱险后，蔡申熙回到了"赤都"武汉。从此，蔡申熙离开了战斗多时的国民革命军第一军第一师，与胡宗南等黄埔同学走上了截然不同的人生道路。

保存有生力量

　　当时的武汉政府,在共产党的推动下,继续实行国共合作的政策。党的五大后,党组织发出号召:"到农村去,实行农村大革命!"许多共产党员被派往各地农村,以农民运动特派员的身份组织农会,发动农民起来斗争。考虑到蔡申熙是黄埔一期生,有军事斗争经验和理论基础,党组织决定让他返回湖南,在衡阳一带农村发动群众,组织农民自卫军,准备反击国民党反动派。

　　1927年5月上旬,蔡申熙到了湖南,在中共湖南省委负责人郭亮、柳直荀的领导下,着手武装农民的工作。5月中旬,蔡申熙请假返乡省亲。在家中,他接到党组织来信，要他马上到长沙。他带着小舅、堂弟搭火车到达长沙。白天，蔡申熙在外面忙于革命工作，晚上才回旅馆住宿。有一天，蔡申熙突然对小舅、堂弟说："上面决定我去衡阳，接手衡阳农民自卫队的事，那里有几千人，我们明早走。"

第二天，三人从长沙搭船来到衡阳。蔡申熙按照省委的要求，武装农民。此时发生了马日事变。长沙城内的湖南省总工会、全省农民协会及其他革命团体，均被反动军队占领，工农武装尽被缴械，中共党员和工农团体的负责人被杀害者无数。晚上，蔡申熙拿出几十块大洋对小舅说："你俩明天清早吃过饭，搭洋船从衡阳到株洲，再搭火车到醴陵回家。"

小舅问："你呢？"

"我还有事，要待几天，事情搞得好，我就不得回，但会有信回。搞得不好，我就会回家。"他又指着床上自己的毯子说，"我这里有一床毯子，你们带回去，交给我妈妈。"

为了制止革命形势逆转，5月23日，湖南省农协秘书长柳直荀奉临时省委之命，拟发动长沙周围各县农民武装进攻长沙。中共醴陵地委、国民党县党部、县农民协会、县总工会等各公法团体，接到通知后召开紧急会议，地委书记罗学瓒决定立即分头下区乡，组建醴陵农军，并与安源工人纠察队、矿警队和萍乡农民自卫军联合组成"湘东赣西工农义勇军"。

28日，蔡申熙和罗学瓒等人奉命去株洲，参加了由柳直荀主持召开的紧急军事会议。会议了解各地工农义勇军组织情况后，决定各地负责人立刻回县，迅速组织工农义勇军，以县为单位集结，分头进发，于31日围攻长沙。

29日，到达株洲的湘东赣西工农义勇军共2万多人，有500多支步枪、2挺机枪。蔡申熙响应临时省委的号召，集合刚刚组织起来的农民自卫军，按照指示，与何键的反动军队激战于衡阳、岳北之间，以阻截何键对许克祥的支援。但正当农军准备对长沙城发动总攻的时候，陈独秀下令取消进攻长沙的计划，强迫农军撤退，致使数万农军围攻长沙的壮举被断送。柳直荀、彭公达、蔡申熙等人虽然不解，还是遵照指令撤退。

正在这时，何键派第三十五军两个营分别来株洲"清乡"。打还是不打，指挥部意见出现了分歧。时间紧迫，事态紧急，蔡申熙向罗学瓒建议：听候组织指示，农军撤退回乡，静观时局变化，注意转移隐蔽，保存有生力量，准备长期斗争。此建议得到罗学瓒等人的赞同。

罗学瓒、蔡申熙和中共安源地委书记刘昌炎等随即决定领导机关与领导成员撤退，工人纠察队携带枪支物资坐火车至安源，罗学瓒等主要领导人和蔡申熙等人一道，去江西萍乡和醴陵接壤的老关，静观形势发展，再作决定。蔡申熙带领一批干部，趁着夜色，经太屏山小道往老关。途经醴陵，蔡申熙带大伙来到自己家，蔡母烧了一大锅饭招待这批革命者。大家又饥又渴，狼吞虎咽之后，倒头便睡，第二天天未亮便出发了。

南昌烽火

1927年6月，在河南战场北伐有功的贺龙的独立第十五师扩编为国民革命军第二十军。党组织把大批自己培养的军事人才、工人的优秀代表送到二十军中担任骨干，加强了党在二十军中的政治力量。蔡申熙也调赴第二十军，任新成立的第六团的团长。

第六团下有3个营，战士纯系新兵，而且人数不多。蔡申熙花了很大精力，扩充这个团的规模。因急需中下级军官和士兵，他还曾写信给家里，说二十军"这里有事做，家里迅速来几个人到汉口找我，让有志的年轻人都来"。接到信后，家乡花麦冲一下去了蔡申熙的叔叔、堂兄、表兄6个人。

此时还未完全叛变革命的汪精卫武汉政府为了与蒋介石争夺地盘，决定"东征讨蒋"。7月10日，党中央决定用武装的革命反对武装的反革命，利用"东征讨蒋"名义，让第二十军等部开赴九江，然后向南昌集中。蔡申熙没有想到部队走得这么匆忙，只得用毛笔写了一封短信，贴在部队驻地一栋房屋的门上："我前几天写了一封信给家里，如有亲朋族友来找我，我已往江西九江一带去了，请你们回家。"落款是"蔡记"。6个来汉口的亲戚见到此信，只得怏怏而回。

这期间，蔡申熙的工作非常繁忙。他一时要同农民协会的负责人谈话，一时要接见前来报到的工人纠察队的同志，还要挤时间给第六团的官兵做思想政治工作，此外，还要争取有利时机深入其他部队开展兵运工作，完成党组织赋予他的特殊使命。

第二十军进抵大冶时，进行了整编，将鄂东工人纠察队和农民自卫军2000余人编入第六团和教导团。至此，第六团真正达到了齐装满员。

7月15日，汪精卫摘下国民党左派的面具，召开分共会议，在武汉进行大屠杀。得悉汪精卫背叛革命的消息时，第二十军还正肩负"东征讨蒋"任务，行进在从武汉开赴九江的途中。17日晚，二十军召开了连以上军官大会。贺龙在会上愤怒地宣布了汪精卫公开叛变革命的消息。大多数干部表示服从中国共产党的领导，听党指挥。

19日，中共中央派李立三、邓中夏到九江，联络国民革命军第二方面军左派将领，本准备利用该方面军总指挥张发奎要把部队拉回广东，另立山头的机会，重新聚集和组织革命力量，同国民党反动派斗争。第二方面军所辖第四军、第十一军和第二十军中，有不少共产党的秘密组织和左派将领。在"东征讨蒋"的名义下，第二方面军各部向九江、南昌集中。贺龙态度激烈，决心追随中国共产党反蒋讨汪，但这时张发奎已被汪精卫拉拢过去，命令叶挺等共产党员退出军队或脱离共产党。20日，谭平山、李立三、邓中夏、吴玉章等在九江召开会议，决定在南昌起义，"在政治上反对武汉、南京两政府，建立新的政府来号召"。这个意见得到党中央的肯定，并确定起义后部队的运动方向——立即南下，占领广东，夺取海口，求得共产国际的援助。中共中央常委会又决定由周恩来、李立三、恽代英、彭湃4人组成党的前敌委员会，周恩来任书记，负责领导起义。

25日，第六团随部队从九江乘火车开赴南昌。这天夜晚，乌云翻腾，风雨交加，每经过一站，几乎都能见到待命出发的武装部队以及堆积如山的辎重行李。

在南昌，中共江西省委也积极动员各级党团组织和革命团体，做好配合起义的各种准备，但急需枪支。蔡申熙一面在本团进行起义的准备工作，一面把大批枪支弹药从南昌偷运出去，武装当地的革命群众。一次，蔡申熙准备把自己弄到的3支短枪送出城去。他把枪藏在一个小皮箱里，雇了一辆人力车，准备出城。到了城北口，被朱培德守城部队的岗哨拦住去路。

哨兵喝道："箱子里是什么东西？打开来检查！"

蔡申熙故作恼火地从车上站起来，指着哨兵的鼻子呵斥："怎么？瞎了眼吗？对上级军官这样不礼貌。我是师部的，有急事出城，延误公事，你有几个脑袋？"

哨兵一时被唬住了，连忙立正，行着军礼，目送他出城去了。

30号下午，军部发来紧急通知，要求团以上军官集合开会。军部驻在省政府附近的圣公会里。蔡申熙赶到时，其他的团长、师长大都来了，贺龙已在那里，正摇着大蒲扇在和大家闲谈。蔡申熙坐下不久，开会的人陆续到齐了。

"开会！开会！"贺龙招招手。大家围着一张大桌子坐下来。

贺龙随手把手里的那只大蒲扇一丢，按着桌面站起来，进行了战前动员：一、国民党已经叛变了革命，我们今天要重新树立革命的旗帜，反对国民党，反对反动的政府，打倒蒋介石。二、我们大家在一块都是很久的，我今天要起义了，愿意跟我走的我们一块革命，不愿跟我走的可以离开部队。三、我们今后要听从共产党的领导，绝对服从共产党的命令。

周逸群又宣布了中国共产党前敌委员会任命贺龙担任起义代总指挥的决定。

大家心里的疑团终于解开了。原来党在酝酿着这样一个行动啊！不知谁大声地喊了句："军长决定怎么办就怎么办，我们坚决跟着走！"这话道出了人们的心声，大家一致表示拥护这一行动，坚决起义。

接着，贺龙宣布了起义的计划。二十军的任务是解决省政府、朱培德的第三军军部和所属的一部分部队，由教导团负责解决七十九团，蔡申熙第六团从侧面支援，并负责二十军军部警戒，同时攻占江西省南昌卫戍司令部。

开完会，蔡申熙便将部队移驻南昌城东。全团2000余人个个精神抖擞，都紧抱着枪，随时准备投入战斗。

1927年8月1日凌晨，3声清脆的枪声响彻夜空，南昌起义爆发了。起义官兵像潮水般从四面八方冲向敌人，冲锋号声、枪声和喊杀声交织在一起，奏出了一曲英雄乐章。作为团指挥员的蔡申熙，此时刚刚21周岁。他带着组建不到1个月的部队，以一部围攻敌南昌卫戍司令部，还指挥战士们打开监狱，解救了几百名被关押的革命者和工农群众，又以一部配合教导团猛攻敌七十九团，敌人乱作一团，于黑夜中四处溃逃，接着他又挥师南攻驻扎在老营房的八十团，在第十一军十师的联合攻击下，再次大败敌军。清晨6时，起义军完全占领了南昌。

8月3日，蔡申熙调任叶挺十一军第二十四师中校参谋，不久又任参谋处长。后随军南下广东。会昌之战中，蔡申熙和二十四师新任师长古勋名率部为作战主力，进攻城西北部岚山寨主峰。全师指战员冒着敌人的枪林弹雨，勇猛冲杀，前仆后继，但由于敌众我寡，攻击一度受挫。后来，二十五师赶到，两师分路进攻，终于攻克会昌，歼敌4个团5000余人，俘敌800余人，缴枪千余支，取得南进途中第一次大胜利。南征部队随后折入闽西长汀整顿，"由闽入粤"。在长汀，蔡申熙就任二十四师参谋长。

9月下旬，起义军占领潮、汕，但因多地需分兵驻守，主力分散，部队决定向普宁撤退。蔡申熙率二十四师余部1300余人从普宁突围后到达海丰、陆丰地区，改编为工农革命军第二师。当地建立了海陆丰红色政权，但当地民团十分反动，比正规部队还难打。更重要的是，当时第二师是一支有共产党员，却还没有形成党组织坚强领导核心，有革命思想影响，却还没有贯彻完成革命思想的队伍，政治工作基本谈不上，也没有人来做士兵们的思想工作以稳定和凝聚人心。到哪里去，去干什么，很多官兵心里都十分茫然，由此全无斗志。蔡申熙在敌人步步紧逼的围追堵截之中，左冲右突，杀出重围，但队伍已被打散，他又身患疟疾，便于11月上旬辗转到了广州。

参与筹谋广州起义

　　1927 年的广州，到处是一片凄凉景象，革命形势同全国其他地方一样处于低谷。蔡申熙辗转来到广州时，因为疟疾的折磨，已是形销骨立，面黄肌瘦了。

　　到哪里去找党组织呢？蔡申熙想了想，在广州，黄埔军校还有一些关系可以用得上，武汉方面也已转来不少部队，一定能从中找到组织关系。果然，他找到了黄锦辉。黄锦辉是陆军讲武堂和黄埔一期的老同学，原来是周恩来任军事部长时的军委秘书，1926 年底周恩来调离广州后，他负责广东省委军委工作，还是中共广东省委委员，现在正在协助广东省军委书记张太雷组织广州起义。

　　黄锦辉见到蔡申熙很高兴，先招待他吃一顿饱饭。席间谈到南昌起义的失败，两人都唏嘘不已。黄锦辉告诉蔡申熙："你知道吗？中共中央政治局召开了八七会议，总结了过去革命斗争的经验教训，制定了新的策略路线了。"

　　"哦，怎么走下去？"蔡申熙问道。

　　"中央认为面对此种革命局势，应该武装暴动，推翻国民党，成立苏维埃政权。"

　　"是该如此。"蔡申熙兴奋地拍了下桌子。

　　接着，黄锦辉向蔡申熙介绍了当前广州的敌我形势，并谈了中央、省委关于在广州举行武装起义的决定。

　　蔡申熙咬牙说："南昌起义失败后，我们大家都憋着一肚子气。国民党反动派欠我们的债，这次一定要报！"

　　此次谈话后不久，黄锦辉代表组织向蔡申熙分配了任务：在做好省军委组织起义工作的同时，负责联络第四军新编的警卫团工作。

　　蔡申熙在广州学习、生活、战斗了4年多。这里的一砖一瓦、一草一木都引起了他的思绪。想起自己在这里参加的各种斗争，想起东征北伐中牺牲的战友，想起自己如今又将在这里参加一场更激烈的战斗，他不由得热血沸腾。他谨慎行事，在极其复杂险恶的环境中秘密地进行起义的准备工作。

第四军新编警卫团就是当初的"武汉国民政府警卫团"，曾参加秋收起义，许多战士后来就走上了井冈山，跟着张发奎回到广州的也就是一个空番号了。当时叶剑英响应党的号召，到广州准备武装起义，正秘密组织起义力量。张发奎当时信任叶剑英，命他担任第四军参谋长。叶剑英遂以"广州城防空虚"的名义提议扩编警卫团。张发奎正为粤桂战争和工农"闹事"而烦恼，也感到广州兵力薄弱，所以很痛快地采纳了叶剑英的这个建议。

这个团是于1927年11月成立的，背景很复杂。全团1000多人，3个营，第1、2营的军官都很反动，只有第3营是吸收省港大罢工纠察队的300多名工人编成的，是"新"的，后来教导团有一批进步学员加入，担任各级职务，中共广东省委又把蔡申熙、陶铸等一批共产党员安排到警卫团担任各级领导职务，使警卫团成为党影响下的一支队伍。

警卫团团长梁秉枢原为第四军特务营营长。蔡申熙积极协助他改造这支队伍。在起义前，蔡申熙等人对警卫团的情况进行了详细的调查，掌握了反动分子的情况，派专人对这些人进行监视，同时把党关于起义的一系列指示和决议及时地传达给革命官兵。根据蔡申熙等人提供的警卫团的具体情况，梁秉枢把第3营作为主力，对该营重点进行了枪械弹药的补给。

蔡申熙对广州社会各界情况比较熟悉。他以训练为名，在警卫团第3营秘密地建立了党的支部和党的外围组织，把全营官兵紧紧团结在党的周围。第3营的战士大多数是省港罢工的纠察队员，革命斗志昂扬，但没有拿枪打过仗。为了迎接起义，蔡申熙把队伍拉到郊外，进行实地演习训练，使大家很快就熟练掌握了射击要领等军事技术。

蔡申熙还积极参加组织和指挥工人赤卫队的工作，共组建起7个工人联队，徐向前就派在第6联队，任联队队长，负责训练和起义指挥。

此时的广州，黄绍竑、李济深、张发奎各派势力钩心斗角，矛盾重重。叶剑英等人利用军阀之间的矛盾，"调虎离山"，形成发动广州起义的极好时机。

12月10日晚，革命军事委员会召集紧急会议，决定提前举行起义，采取夜间袭击方式，起义将士每人发一条红布条的领带。警卫团的任务是攻击仰忠街第四军军械库、驻守文德路的敌第十二师留守处、第四军军部所在地中央银行。蔡申熙受领了任务，回到警卫团驻地，和梁秉枢一起精心策划，又令人找来红布，连夜制作红布条。

11日凌晨，广州起义爆发了。按照起义计划，警卫团第3营两个连在第二联队配合下，首先向珠江边上的长堤北路第四军军部所在的中央银行进攻。

银行所在的高楼全系钢筋水泥构成，门是铁板铸成的，比一般建筑物坚固得多，敌人留有部队把守，楼上各层和天台上堆着大量沙包，居高临下且视野开阔。大楼前面就是珠江，江面上有敌舰，无法从正面进攻，后面又有其他房屋，很适合敌人防守。敌人从高处向起义部队进行密集的火力射击，封锁马路。警卫团第3营进到离中央银行半里路时就展开队形，向敌军进行猛烈还击，虽有伤亡，但进攻的锐气有增无减，一次比一次冲得猛，连续冲锋十次之多。天亮后，敌人兵舰发炮扫射，起义军腹背受敌，伤亡很大，只好停止攻击。

尽管有少数敌据点未拔除，当天，广州苏维埃政府和工农红军总指挥部还是在广州公安局内成立了。军事委员会也开始在公安局内的北楼二楼办公。一面绣有铁锤镰刀的大红旗，在广州公安局的楼顶上迎着曙光升起。当时，公安局是暴动之后的总指挥机关，蔡申熙被任命为广州市公安局局长，负责总指挥部的保卫工作以及与警卫团的联络工作。

蒋介石得悉广州爆发了武装起义，急电广东各派军阀"捐弃前嫌，扫平共乱"，要把新生的广州苏维埃和工农起义军扼杀在摇篮里。广州城内的枪声并没有停息，增援的敌军也蜂拥而至。

第四军军部和仰忠街军械库无法攻破，影响了起义部队的作战。警卫团出师不利，团长又受了伤，蔡申熙便被调任警卫团代理团长。11日中午，警卫团获得了炮兵的支援。炮弹落在银行楼上，引起大火。敌人开始恐慌。起义军趁势攻入，把这个据点拿下了。

12 日，广东人民拥护苏维埃大会在丰宁路西瓜园广场举行。蔡申熙负责会场保卫工作，并作为代表出席了会议。大会通过了广州苏维埃政府委员会政纲以及致共产国际电。广州的大街小巷，贴出了苏维埃政府的宣言和布告。但与此同时，敌人已从四面八方向广州合击，广州起义的部队只有由进攻转入防御了。

12 日下午，起义部队全部被派到一线，敌人却还在不断增加。教导团负责守卫全城制高点观音山。蔡申熙奉令把警卫团转到观音山镇海楼一线防守，支援作战。这时警卫团剩下的实际上只有 200 余人。蔡申熙率队赶到观音山，在山脚侦察时，发现敌人已经从山顶开始向起义部队射击，观音山上的部分阵地已经丢失，便迅速组织部队分三路向山上攻击，半小时后击退了山顶守敌，与教导团一起在山顶炮台坚守。这时已差不多下午 5 点。

只要制高点在起义部队手里，就可以保证城内的安全。夺回这一阵地，蔡申熙稍微松了口气，他留人在观音山指挥，自己于晚间返回公安局领取命令，可公安局内几乎是空无一人了，只有工农红军参谋长徐光英还在坚守。

徐光英要蔡申熙转入地下，还可以在广州市秘密工作。此时，广州的形势已无可挽回，总指挥部决定立即组织撤退，分别到海陆丰和香港隐蔽，有关系的就地隐蔽。蔡申熙当夜遂通过私人关系藏匿于友人家中。

12月13日下午，广州苏维埃政府所在地公安局陷落。反动派进行了惨绝人寰的大屠杀。蔡申熙每天都听见汽车从街上驶过，车上的同志有喊"共产党万岁"的，有唱《国际歌》的，还有凄厉的杀人的号音。在12月27日致中央的报告中，他说："17日余离广州时，被杀者已达4000以上。"

轰轰烈烈的广州暴动和新生的工农兵苏维埃政权落下了帷幕。这次工农兵大起义虽然失败了，但是它与南昌起义、秋收起义一起成为中国共产党独立领导革命战争和创造人民军队的伟大开端。在广州起义中，蔡申熙先后担任市公安局局长和代理警卫团团长，虽然不到3天，却以自己独特的方式为广州起义作出了不可磨灭的贡献。

3 寻找党中央

蔡申熙隐匿在友人家中，失去了和党组织的联系。他想回武汉去，与中央重新接上头，接受新的战斗任务，但迫切需要一笔路费。去哪里筹措呢？蔡申熙想了想，先找到自己黄埔同学、老乡邓文仪。两人从中学起就是同窗好友，刚到广州时，他还和邓文仪在旅舍同住一室。"四一二"事变后，邓文仪被任命为黄埔军校政治部主任，现在已经官至少将。

邓文仪一见蔡申熙，大惊失色："这都什么时候了？你怎么还留在广州？"

蔡申熙开门见山："我现在缺少盘缠，来向你化缘。"

邓文仪一边从将军服口袋里掏钱，一

边劝说蔡申熙："你呀，就不该当什么共产党。我到过苏联，那里不是天堂。共产主义不适合中国的国情。共产党又破坏国民革命，闹得自己都无法立足，你听大哥的，还是趁早回头吧。"

蔡申熙顿时听不下去了，他针锋相对地驳斥道："共产党不谋私不篡权，谁破坏国民革命，自有公论。"他将邓文仪递过来的钱往桌上一掷："承你顾念旧交，慷慨解囊。但道不同不相为谋，我就不受这'嗟来之食'了。"说完就往外走，走到门口，他犹不解气，又回过头来说："你现在就可以动手，杀了我去向蒋介石请功。我今天死，明天你的脑袋也要掉在广州街头。"

邓文仪慑于蔡申熙的正气，没有动手。

盘缠仍然没有着落，蔡申熙有些沮丧。他又硬着头皮去找第四军副军长薛岳。

公安局大楼里，薛岳见蔡申熙面目黧黑，衣衫褴褛，急忙拿出衣物给蔡申熙换上，又摆酒设宴。酒过三巡，薛岳说出了真心话："申熙，我知道你是个热血青年，有理想，有事业心。但共产党成不了气候。我们粤军现在的口号是'护党'，既反对蒋介石专制，也反对共产党暴动，你过来，不愿在国民党军队里干的话，我可以资助你去日本留学。"

蔡申熙看得出，薛岳与邓文仪虽然一个表面上热心，一个冷嘲，但骨子里都是一路货。他本想痛斥一顿，又忍耐下来，耐着性子，虚与委蛇。

薛岳以为自己劝说成功，很是高兴，拿出上百块大洋送给蔡申熙，又为他开来一张通行证。蔡申熙得到路费和通行证，12月17日，当即夹在混乱的人流中搭乘火车离开广州，前往武汉寻找党中央。

到了武汉后，蔡申熙找到中央交通处，方知党中央已于9月由武汉迁往上海。中共湖北省委正在组织年关暴动，蔡申熙即参加了策划。在筹备武汉暴动的紧张日子里，他还向党中央书面报告了广州起义及后来失败的情况。他在报告中简述了3个问题。一是参加广州起义的兵力情况；二是广州起义3天的战斗情况；三是对此次事件的看法。这份报告，是关于广州起义的一份重要文献。

后因计划泄露，暴动计划无法实施。中共湖北省委迅速作出决定，所有参加暴动的人员立即转移。蔡

申熙决定前往上海继续寻找党中央。1928 年 1 月 18
日左右，他在江汉关码头买了一张船票，登上了开往
上海的轮船。在上海，他找到了党中央的地下机关，
被分配在周恩来主持的党中央军事委员会工作。

智斗胡宗南

那时，上海这个"冒险家的乐园"，既是国民党的经济、金融、贸易和文化中心，也是帝国主义侵略中国的基地，华洋杂处，有国民党政府，有外国政府，有买办资产阶级，也有民族资产阶级，还有许多帮会团体。这些复杂的局面，也便于共产党人游刃其间。

蔡申熙与许继慎等同志住在浙江路的"寿阳公"旅馆里。他们经常在一起讨论对时局、对革命，对武装斗争的认识和意见。由于工作需要，蔡申熙经常改变自己的身份，变换自己的形象，出入各种场合。

在党内，蔡申熙以沉着冷静为人所共知。

1928年初夏，蔡申熙在一家旅馆的楼梯上，无意中碰到了胡宗南。

"哎呀，这不是申熙吗？老同学，现在可好？"胡宗南打着招呼。他穿着笔挺的将军服，后面跟着4个全副武装的警卫。

当初就读于陆军讲武学校、黄埔军校时，蔡申熙与邓文仪、胡宗南等同学关系较好，毕业后又与胡宗南等同时在国民革命军战斗，都被视为前途远大的"后起之秀"。他们当时只有20来岁，多为贫寒子弟，都有一腔热血和远大志向，本来可以成为患难与共的生死之交。但在1927年春，他们分道扬镳。邓文仪、胡宗南追随蒋介石叛变革命，向昔日的战友开刀，而蔡申熙等人则跟随政治部主任周恩来举起了武装反抗的大旗。

蔡申熙知道，胡宗南很反共，后头还跟着几个部下，不可轻敌。

蔡申熙笑了笑，没有正面回答："你看我这样，好得起来吗？失意人一个。真巧，我正打算去找你，想想办法。"

胡宗南见蔡申熙衣着简朴，以为他流落上海，无处栖身。当时，国民党军队正在进行裁军，大批军人被遣还。他热情地"动员"："遇到我，你就不会失意了。校长现在非常器重我，我在第一军，部队需要大批像你这样足智多谋的人才，到我那里去。这次说什么也不要走了！"

蔡申熙故意表现出对胡宗南这样"盛情美意"的感激之情，顺着他的意思说："他乡遇故知，真是人生的一大快事。好，跟你干！"他详细地记下胡宗南下榻的地址、电话，又说："我回去收拾一下东西，就搬到你那里去住。"

胡宗南以为自己劝说成功了，很是得意。分别时，他还从皮包里拿出两封银圆交给蔡申熙，并嘱咐蔡申熙早点过来。

蔡申熙也没客气，随手收下。脱险回到机关后，他将这些银圆交给党组织作为活动经费，自己也作了紧急转移。而蔡申熙和胡宗南再次相见，则是在鄂豫皖苏区红四方面军第四次反"围剿"的战场上了。

　　1928 年 8 月，蔡申熙由党中央派到江西，化名蔡冰坚，任中共江西省军委书记。当时的江西省委设在九江市。蔡申熙的主要任务是进行秘密军事工作，发展革命力量，配合湘鄂赣边的武装斗争。

　　那时党的地下组织遭到严重破坏，经费时常捉襟见肘，很多党员生活也很艰难。同志们和蔡申熙见面，谈完工作，他总要问问大家到经济上有没有什么困难，一听到有困难，虽然自己的钱也不宽裕，他也会马上将自己口袋里的钱掏出来。

　　1928 年 9 月，蔡申熙以省军委书记的身份，参加了中共江西省第二次代表大会。会议检查了前一段时间工作中的错误，决定今后的任务是整顿旧组织，创造新组织，创建党和红军及苏维埃根据地。会后，蔡申熙不仅在城市里努力发展党的地下组织，还带领部分同志到南昌附近的农村，进行秘密宣传，发动和组织农民游击队。

他常以店员身份，佯装下乡收账，到九江、南昌郊区党的秘密联络点，挑选地下党的骨干和渔船上的积极分子，训练他们学做党的地下联络工作。根据党的六大"要继续开展对白区士兵的策反工作"指示精神，他又派坚定可靠的同志打入国民党军队，策动驻守在江西境内的罗炳辉等部队参加起义，为积极扩大红军进行了有效的兵运工作。

罗炳辉1915年入滇军当兵，作战勇猛，从士兵升至营长，参加了讨袁护国战争和北伐战争。1929年4月，他任赣西南重镇吉安靖卫大队大队长，下辖4个中队，每中队140余人，枪120支，并指导其他8个县的靖卫团。他曾根据上级命令，组织5县反动武装"围剿"江西吉安东固、延福地区的红军，可是屡吃败仗。想到北伐时自己的部队每到一处，广大人民群众热烈来欢迎，现在完全相反，靖卫队每到一处，群众都跑了个精光，而共产党几个人就可召集成百上千的群众开会，这让他内心颇感触动。他开始主动了解共产党和红军的情况，慢慢地倾向革命。有一次，靖卫队捉到了十几个"共匪"，罗炳辉亲自"审问"后，给被捉的人每人一块银圆，将他们释放了。

蔡申熙了解到罗炳辉的情况和表现，决定争取他参加革命。他先让原滇军第二十七师上校副官长、罗炳辉的好友赵醒吾去找罗炳辉谈了三天话，第四天，由赣西南特委书记刘士奇去谈，第五天，他自己找到罗炳辉做工作。两人寒暄过后，蔡申熙说："我们是共产党中央专门派来找你的，因为我们觉得你有继续参加革命的条件。"

随后，他谈起了战争和革命："北伐时，我和你一样，都参加了攻打牛行车站的战斗，身份都是营长。"

罗炳辉顿时找到了共同语言，他也回想起自己参加北伐时的场景："那是一场恶战，我当时在第三军二十五团 2 营当营长，担任主攻，敌人枪弹如雨点般飞来，每前进一步都要付出很大代价。"

"在如此艰难困苦的条件下，您率领全营官兵奋勇冲杀，攻下了牛行车站，为北伐军打开了攻下南昌的通路。北伐军占领南昌，您立了头功。"

"哈哈，哪里，也是大家一起奋勇拼杀的功劳。"

随后，罗炳辉也向蔡申熙说明了自己的立场和曾有过的艰难摸索。他们谈了 3 个小时，十分投机。罗炳辉内心坚定了革命的想法，也被蔡申熙的真诚、直爽深深打动。一星期后，罗炳辉秘密地加入了中国共产党，忠实地为党工作着，还用自己的全部积蓄买了30 多支步枪、4 支驳壳枪，发给可靠的同志使用，又给士兵每人买了 1 件毛衣、1 双鞋袜。他在靖卫大队中团结可靠分子，争取中间分子，准备按上级党委指示，等待时机，准备暴动。

后来，驻吉军阀成光耀从叛徒口中得知罗炳辉和共产党员往来密切，准备逮捕他。蔡申熙和江西省委审时度势，密信致罗炳辉，令其立即率部起义——"做历史上千秋万世的光荣者，为工农利益而奋斗。望高举镰刀斧头的红旗，党和群众最热烈地准备欢迎和拥护你"。11 月 14 日，罗炳辉毅然率部 500 余人在吉安县起义，开赴东固苏区新圩。蔡申熙、刘士奇等在街口迎接。第二天下午，蔡申熙集合部队，欢迎罗炳辉部加入工农红军。省军委决定起义部队组成江西红军独立第五团，由罗炳辉担任团长，下属2个营，6个连。

当时革命处于低潮，蔡申熙的这次兵运工作，不仅壮大了工农红军的力量，也有力地在军事上配合了朱德、毛泽东等率领红四军开辟赣南、闽西革命根据地的行动。

舍小家为大家

　　湖北省委后迁回南昌。在南昌的时候，蔡申熙住在省军委机关里。组织上安排了一位江西吉安的姑娘曾广澜，与他扮作假夫妻，以便掩护革命工作。在相处的过程中，这个"假丈夫"的诚挚、热情以及忘我的工作精神深深打动了她，她以妻子的身份协助蔡申熙工作、照顾他生活。后经组织批准，两人结成了真正的夫妻，结下一番生死与共之情。

　　鲁涤平此时任江西省政府主席，他"拿湖南的屠杀经验来肃清江西的共匪"。敌人侦知湖南人蔡申熙是中共江西省军委书记，悬赏 1000 元通缉蔡申熙，还在南昌街头张贴通缉令。蔡申熙依靠党组织和群众，同敌人斗智斗勇，多次躲过了敌人的搜捕。逮不着他，鲁涤平竟指使醴陵县县长派兵到花麦冲抓走了蔡申熙的父亲，妄图迫使蔡申熙屈服。

一天深夜，蔡申熙外出开会归来，神态严肃，一言不发，喊他吃饭他也不吃，低着头在房间来回踱步。曾广澜问他出了什么事。他愤慨地对妻子说："敌人把我父亲抓去了。他们想用这种卑鄙的手段来动摇我，哼，简直是白日做梦！"

曾广澜十分着急，要他赶快设法营救。他安慰妻子说："广澜，不要着急，我的父亲我了解，他也了解我，请组织上放心，为了革命，他老人家会忍受一切的，反动派的阴谋绝不会得逞！"幸好最后，通过关系，他的父亲被释放回家。

虽然家人无事，但蔡申熙的身份已经暴露，不适合留在南昌工作，1929年9月上旬，中共江西省委派他到井冈山下的吉安东固山革命根据地，担任江西红军游击队第一路总指挥。此时曾广澜即将分娩，蔡申熙便独自去东固山。临行前，他将曾广澜的首饰换了20多元钱做路费。

一个早晨，天还没有亮，他告别即将临产的妻子：
"广澜，往后我会更加狠狠地打击敌人。我们要让反
动派加倍地偿还血债。你要多保重，好好地坚持工作。
孩子生下来以后，设法请人带，你要腾出时间努力工
作，去回击敌人对我们共产党人的迫害！"

曾广澜望着奔赴新的斗争征途的丈夫，心里一酸，
一边掉眼泪，一边和蔡申熙约好，要在不同岗位上奋
斗，将革命进行到底。

蔡申熙到达东固革命根据地后，十分注重苏区党
和红军的建设。他积极整顿部队，加强部队的政治教
育，抓紧部队的军事训练，将一批指战员派到农村和
山区，发动群众进行土地革命。在蔡申熙的领导下，
党的秘密工作在农村、城市、白军内部都有开展。各
地党组织也经常介绍人来充实红军部队。在这里，相
继建立了江西红军第二、三、四团（后来与罗炳辉的
第五团合编）。在东固根据地，蔡申熙指挥部队向吉安、
永丰、兴国等县进行波浪式扩张，有力地配合了井冈
山的斗争。

1930年1月，中共中央军委根据各地红军武装发

展的情况，决定统一全国红军的番号和编制，将全国几支较大的红军编为中国工农红军第一至第八军。江西的红二、三、四团为红三军。鉴于蔡申熙在江西党和红军工作中的成就和威望，1930 年 3 月 10 日，中央指示红三军前委，决定集中赣西南第二、三、四团红军及第一、二大队组织红军第三军，以蔡申熙任军长。只是因交通不便，信息传达受阻，中央军委虽在此期间任命蔡申熙为红三军军长，黄公略为红八军军长，最后红三军军长仍由黄公略担任。

再到上海

蔡申熙未能到红三军就任，不仅因为信息传达不畅，还因为他此时又接到党中央通知，要他去上海。1930年1月初，蔡申熙和曾广澜化装成一对商人夫妻，带着女儿（曾广澜分娩生下女儿后，从南昌前往吉安，一家团圆），动身前往上海。

蔡申熙到上海后，向中央报告了江西党和红军的工作，为中央对江西党和红军工作的决策提供了依据。

这时，中国共产党已在湖南、湖北、江西、福建、广东等省建立了红军和革命根据地，为了进一步发展红军和革命战争，中共中央将原指导各省军事工作的军事部改为统帅全国的中央军事委员会，周恩来、关向应、曾中生任常务委员，蔡申熙为中央军事委员会参谋部参谋。

在上海，蔡申熙与聂荣臻、傅钟、曾中生等一起参与军委的日常工作，负责组织、训练纠察队及接待、安置地下党员到军事部门工作。因为工作关系，蔡申熙也直接接受周恩来交给的任务。当时他和曾广澜都全身心投入中共中央军委高级军政干部训练班后期工作。

中共中央军委高级军、政干部训练班是为适应土地革命战争初期需要，在周恩来主持下开办的。军事干部训练班每期学员 30 多人，培训时长 3 个月左右；政治干部训练班每期学员约 20 人，培训时长 1 个月左右。培训地址在上海爱文义路（今北京西路）和麦特赫司脱路（今泰兴路）两路交叉后侧的一幢三层楼花园洋房里。训练班由周恩来直接领导，由蔡申熙的黄埔一期同学彭干臣偕夫人主持具体工作。

训练班的安全、保密措施非常严密。洋房底楼前厅是"经理"办公室，摆设华丽，很像洽谈生意的地方，后厅同厨房相连。二楼是彭干臣夫妇的卧室，卧室前面有阳台，站在阳台上，能清楚地看到大门外的来往行人。江鲜云、曾广澜常借晒尿布或抱着小孩玩耍的时机，在阳台上观察四周，看守大门。三楼是学员睡觉的地方。

周恩来、李立三、项英等中央领导人任教员，讲授革命形势和任务、武装斗争等内容。军事训练班共办了 3 期。学员由苏区、白区的地方军委选送干部参加。蔡申熙、许光达、王首道、伍云甫、孙一中、黄火青、张爱萍等同志都在这里接受过培训。蔡申熙既是学员，也帮助周恩来、彭干臣从事教学的组织工作。

当时白色恐怖严重，接送学员慎之又慎，一般都在晚上，坐黄包车，车夫也是共产党保卫人员。彭干臣、蔡申熙每次从事这项工作都是小心谨慎，从未出过差错，给周恩来留下了深刻印象。

训练班到 1930 年 5 月停办，为共产党培养了 100余名高级军事、政治人才。这些学员被分别派往各根据地担任军事骨干和国民党军队中从事兵运工作。蔡申熙在办班之余，也系统地学习了中央文件、政策和武装斗争的知识，并充分了解了全国及部分地区武装斗争现状的形势。

1930年初夏，刘伯承来到上海，任中央军委参谋部参谋长。当时在中央军委一班人中，刘伯承年龄最大，38岁。对刘伯承而言，蔡申熙虽然比自己小十多岁，但待人诚恳、热情，尤其是遇险不惊、从容自若，很让刘伯承佩服。

有一次，蔡申熙在一家大饭店的雅间主持召开党的秘密会议，突然一群国民党稽查人员闯进来，要把与会人员全部带走。与会者都捏了一把冷汗。蔡申熙临危不惧，操着官腔说："我看今天是大水冲了龙王庙，一家人不识一家人。我是党军驻沪参谋长，在这里商量要事。你们不信，可以问×××。他是我同学。"他点到了一位国民党驻军高官的名字。这名高官也是黄埔一期的毕业生。

稽查人员将信将疑，不敢造次。他们没有胆量直接与这名高官通话，便打电话给他的副官处。副官处的人没听清究竟，大发脾气："连司令的同学都敢抓，你们不想活了？"

稽查人员放下电话，满脸赔笑："对不起，误会，误会。"然后灰溜溜地走了。

敌人走后，有人问蔡申熙："穿帮了怎么办？"

蔡申熙面不改色地说："怎么穿帮？我确实与他有同学之谊。即使穿帮，我也想好了下一步的对策。"

同志们还在为躲过这场突然的搜查而庆幸的时候，蔡申熙却赶紧叫大家疏散。不多时，稽查人员伙同反动军警杀回来，却是扑了个空。

1930 年 6 月，中央军委长江办事处在武汉成立。7 月，蔡申熙与刘伯承两人在上海分手，蔡申熙前往武汉正式就任中央军委长江办事处军事部部长。

筹组红十五军

1930年7月下旬，蔡申熙化装成世家子弟，来到武汉。长江办事处（8月1日组成新的长江局）指导全国主要苏区和红军的工作，军事部部长责任很重。蔡申熙在这里接触的皆是战略、战役问题，受到中央、中央军委领导判断敌情、驾驭战局的思维方式和指导艺术的熏陶，再加上他自己才思敏捷、聪明过人，由此培养了战略眼光、全局观念。蔡申熙后来的成长，与他在这一岗位上的磨练有着直接的关系。

此时"立三路线"在中央占统治地位，不顾当时主客观条件与力量的对比，盲目地要求立即在全国中心城市举行武装暴

动，"饮马长江，会师武汉"。虽然蔡申熙感到实际上
一时难以实现总暴动计划，但他还是和同志们一起到
龟山、蛇山等地勘察地形，详细筹划，以接应、配合
各路红军进攻武汉。不久，蔡申熙又接到让他前往鄂
东创建红十五军的任务，加上此时武汉的报纸也登出
对他的通缉令，长江局遂决定蔡申熙立即赴任，组建
红十五军，指挥阳新、大冶和蕲春、黄梅、广济、皖
西南英山地区的武装斗争。

　　1930 年 9 月上旬，蔡申熙与妻子曾广澜分别化装
成国民党军官和军官太太，抱着女儿，乘船离开武汉，
沿江而下。同行的还有被他争取过来的走上革命道路
的国民党武汉军官学校的 6 位学生。他们有的化装成
商贩，有的化装成勤务员，有的化装成大师傅。一路上，
他们多次遇敌盘查，都被蔡申熙随机应变地应付过去
了。他们到达广济县武穴镇后，又换乘小船，奔赴鄂
东特委所在地太子庙镇。

　　鄂东特委是 1930 年 7 月成立的，吴致民任特委
书记。此前，根据党中央"猛烈扩大红军"的要求，
鄂东特委将鄂东游击大队同红五军第五纵队留下的部

分部队编为红八军第四纵队，陈奇为司令员，又将活动于赣北一带的游击队调来阳新，改编为红八军第五纵队，黄刚为司令员。此时，这两只部队正在长江北岸战斗，执行"封锁长江，进攻武汉"的任务。

蔡申熙到达后，立刻开始了解情况，和吴致民共同研究筹建红十五军的问题。鄂东特委从直接领导的游击大队抽出游击队骨干和赤卫队员200余人，交给蔡申熙指挥，使蔡申熙的第十五军有了基本队伍。10月上旬，蔡申熙带领这200多人渡江北上，到广济与红八军第四、五纵队，英蕲区红军独立第一师第五团等部队会合。会合部队后，他率部打下广济县城，即移驻黄梅县考田镇吴祥村，准备成立中国工农红军第十五军。

红十五军成立大会会场设在吴祥村的一个小广场上。会场上有一个面朝东南的平台，台上悬挂着红十五军军旗。旗面为大红布，旗长约6尺，宽约4尺。旗的左上角处是锤子与镰刀；旗裤上竖写有"中国工农红军第十五军"字样，字上面涂有一层桐油，并做了一个油布旗套。平台两边立柱上贴有一副醒目的长联，周围还贴有许多各色标语。

10月16日这天，风和日丽。战士们排列着整齐的队伍，雄赳赳、气昂昂地步入会场。他们怀抱钢枪，神采奕奕。来自黄梅、广济、蕲春3县山区的农民协会、妇女协会、赤卫队、赤色少年先锋队队员，以及童子团团员，也肩扛土铳、马刀、梭镖和红缨枪，手举三角小彩旗，从四面八方涌进大会会场。整个会场人山人海。由于人太多，很多参加成立大会的人都站在四周的稻田里。

蔡申熙背着一支驳壳枪，没有枪套，瘦削的脸庞上满是笑容。他和陈奇等十五军领导人、各界代表们一齐走上大会主席台。顷刻间，整个会场响起经久不息的雷鸣般的掌声。

政委陈奇首先宣布党中央关于成立中国工农红军第十五军的决定。接着，蔡申熙以军长身份开始讲话。他用浓重的湖南口音说："在中国，蒋介石叛变革命后，被压迫的劳动大众要翻身求解放，必须靠共产党和党领导的中国工农红军！今天，我们红十五军正式成立了，它象征着我们党领导的武装力量又壮大了。别看我们都是些'煤黑子''泥腿子'，也不要小看我们手中的大刀、土枪。我们是工农的队伍，人民的武装，是志同道合的阶级兄弟，只要一心跟着共产党，我们的力量能够移山填海，我们的队伍会越来越强，大刀、土枪也一样能打胜仗。"

他的话激励着每一个指战员，全场不时地报以热烈的掌声。

红十五军全军共4个步兵营、12个步兵连、2个机炮连、1个卫生担架连，共2000余人，枪1400余支，迫击炮2门，轻机枪8挺，重机枪4挺，冲锋枪4支、"花机关"8支。当时战士们把草鞋、干粮和子弹叫作"三大宝"，前两"宝"还好办，唯独子弹这一"宝"难得，全军有1/3是用大刀、长矛、梭镖、鸟铳之类，子弹最多的战士也不过有百十发。所以大家都盼着打个大胜仗，好补充补充枪弹。

蔡申熙也在慎重地思考，为这支新成立的中国工农红军准备一场初战。

转战蕲黄广

红十五军成立当晚，蕲春县委向军部报告，国民党蕲春县保卫团副团长带领3个中队盘踞该县重镇漕河，县长又调了一个中队从县城赶来压阵，集结民团和漕河商团共300余人，还勾结蕲水县联防队在县境西侧联防，以俟机向赤区反扑。红十五军据此决定挥师南下，消灭漕河之敌，乘势扩大根据地。

战前两天，蔡申熙派一支红军小分队化装成赶集群众进入漕河，在街头巷尾以摆摊作掩护，侦察敌情，勘察地形。10月18日上午7时，他率千余人冲进镇内，守敌正吃早饭，猝不及防，纷纷向蕲水方向逃跑。红军初战告捷，随即在镇内开展宣传：粉笔队在街头书写标语，宣传队下乡演讲，向群众分发衣物，军部召开群众大会，揭露国民党反动派和土豪劣绅的罪行，宣传共产党的政策，号召穷人参加土地革命。当日夜里，部队在漕河收缴6家反动地主团总的浮财数千块银圆后，即启程西进。

10月20日晨，红十五军兵分两路进攻蕲水洗马畈镇。洗马畈守敌望风而逃。21日，红十五军一团在洗马畈召开万人群众大会，组织成立农民协会；三团准备攻击蕲水县城，后得知城内守敌已有准备，遂返回洗马畈。22日，两团会合，折回黄梅山区根据地。

红十五军最想打下的是黄梅县县城。只要打下黄梅，蕲春、黄梅、广济苏区局面就会打开。原红八军第四、五纵队在此前曾攻打过一次黄梅县城，未能攻克。10月29日夜，红军再次发动了对黄梅县城的攻击。可是敌人增多，红十五军实行强攻，受到了损失，蔡申熙遂命全军撤出战斗，休整数日，再转至蕲春县境张家塝，毙敌80余人，其中连排级军官15人，还收缴几十箱子弹，不过红军伤亡100余人，丢失机枪1挺，是一次缴获不大的战斗。

张家塝战斗后，敌新编第五旅共2000余人，尾追红军南下，策划进犯蕲春县临时苏维埃政府驻地桐梓河。红十五军在桐梓河打了一场保卫战，俘敌20余人，缴获机枪1挺、步枪20余支，红军阵亡2人。

在第二次"左"倾路线影响下，红十五军在战略上想坚守原地区，以扼制长江中游，战术上死打硬拼，所以这几仗伤亡不小。

蔡申熙对这几个月以来的情况作了一番冷静的思考。作为一个富有实战经验的军事指挥员，他知道"争取以武汉为中心的一省与数省革命暴动首先胜利的路线"一时难以实现，全国各地红军外线进攻纷纷受挫，革命形势的发展，确实不是想象的那样乐观。战斗在蕲（春）、黄（梅）、广（济）的红十五军连续作战，给养困难，而且因为部队活动范围处在长江中游战略要地，引起了敌人的注意，被列入首先拔除的重点。进攻黄梅县城等几仗，本来是想打胜了，就在鄂东发展苏区，以长江南北两岸为依靠向北发展，与鄂豫皖苏区取得联系，以便扩大苏区，壮大红军。现在黄梅这几仗没有打好，红十五军只有退出这块地区了。

幸好不久，红十五军接到中央命令，要其北上与鄂豫皖老大哥红军部队红一军会合。这道命令其实早在 10 月 18 日就已经发出，当时中央指示蕲春、黄梅、广济、蕲水等县党组织，划归鄂豫皖特委领导，红十五军配合鄂豫皖红一军作战，与红一军合编为第四军，并在红一军指示下行动。但因信息不畅，直到现在，蔡申熙才得到中央给红军的指示。而且，蔡申熙等人也了解到中央六届三中全会批评了李立三的"左"倾冒险错误，决定停止全国总暴动和集中红军进攻中心城市的冒险计划。这也使他这段时期来的迷惘、困惑有了答案。

接到指示的蔡申熙十分兴奋。鄂豫皖那里有黄埔老同学、老战友许继慎和徐向前，有强大的红一军，在黄安、麻城、新州地区打了几个大胜仗。红十五军目前还比较弱小，为了保存革命力量，蔡申熙立即准备全力实施中央新的军事行动计划，率红十五军主力向鄂豫皖红一军根据地转移。

建功大别山

红十五军要北上大别山，必须东进，攻克安徽太湖县城。太湖与湖北黄梅县和安徽英山县接壤，是大别山的重要门户。红十五军攻克太湖后，在蔡申熙率领下，攀越崇山峻岭，寻找红一军，开始了艰难而又富有传奇色彩的大别山之行。

此前，红一军在许继慎、徐向前率领下，在鄂豫皖苏区东西两线作战连续取得胜利，但由于"立三路线"使红军作战与巩固和发展根据地的任务脱节，红军外出切断平汉路、攻打大城市，失去了机动作战寻机歼敌的机会。幸而许继慎没有机械地在铁路线上死拼硬打，发觉作战不利，他立即转向敌人守备比较薄弱的城镇出击，才使红一军得以避免大的损失，并获得了一些胜利。随后红一军在淮河南岸根据地附近作战。1930年10月底，长江局指示红一军在京汉路南段游击，把鄂豫皖根据地由北而南向长江沿岸扩大，并联系红十五军。红一军即行南下。所以，当红十五军向西北方向转战寻找红一军时，红一军也正按鄂豫皖特委计划，向蕲黄广发展，跟红十五军会师。只是当时通讯条件差，两军行动路线错过，会合计划未能实现。

红十五军前来寻找红一军，自然找不到主力。不过他们还是碰到了红一军留下的小股部队。12月10日，蔡申熙率部到达商南核心苏区的南溪镇，扩编了一些县的独立团和游击队进入红十五军。红十五军部队发展到2800余人。滕海清中将就是从这里跟随红十五军部队前往黄麻苏区的。

接着，蔡申熙率部继续西进，翻越飞旗山，进入鄂东北的黄安、麻城一带。至此红十五军已辗转跋涉1000余公里。在黄安重镇七里坪，蔡申熙依然没有见到红一军，只见到了新任鄂豫皖特委书记曾中生，并得知国民党10万部队"围剿"的消息。

在 11 月初，蒋介石即开始准备第一次反革命"围剿"，在对付中央苏区的同时，还动用了 9 个师 10 万兵力"围剿"鄂豫皖革命根据地红军。蒋介石计划第一步先对鄂豫皖根据地造成"圆箍式"的包围，第二步以主力突入根据地占领集镇，控制要道，寻找红军主力作战，第三步分区"清剿"，把鄂豫皖根据地红军一网打尽。首先的"围剿"重点正是鄂东北的黄麻地区。

鉴于红一军主力尚在皖西作战，无暇回顾，曾中生一面组织地方武装在敌侧后展开袭击，尽力拖住敌人的步伐，一面准备调蔡申熙的红十五军参战。历史就这样偶然地将粉碎敌人第一次"围剿"鄂东北战场的重担搁在了蔡申熙和红十五军的肩上。

此时，蔡申熙面临几方面的压力。一是装备。红十五军离开蕲黄广，长途转战，人困马乏。天气寒冷，红十五军指战员都还身着单衣、草鞋，比这个更令人担忧的是子弹奇缺，每个战士平均只有 3 发子弹。二是士气。红十五军战士本来是抱着求援的心理来和红一军会师的，现在却要和 10 万敌军对阵，一些人有消极心理。三是敌情。仅鄂豫边的敌正规军就有7个师加1个旅，红军这边能组织起来的地方武装仅有6个教导队。

曾中生把目光投向蔡申熙。在这个时刻，主官的态度可以影响和决定全军的动向。

"服从中央指示，听从特委安排。"蔡申熙坚定地说。

他又向红十五军指战员们做思想工作。"我们现在往回走就安全吗？"蔡申熙问大家。

这个问题其实也是战士们的顾忌。

"敌人不仅在鄂豫边集中有7个师，还在通往皖西的路上布置了众多的部队。我们就算是回去，也首先必须突破鄂豫边的包围圈，然后冲破敌人的堵截。即使能够安全回到蕲黄广，那里同样有敌军守候着。我看，回去也是凶多吉少。"

这一番话让一些嚷着要回蕲黄广的战士也冷静了下来。

"我们是红军战士，为人民打仗，为革命牺牲，是情理之中的事。我的意见是坚决地留下来，下决心粉碎敌人的进攻，以达到军事补充和转变赤区被动局面的目的。大家不要忘了，在我们东边，红一军正日夜兼程地往回赶呢！"蔡申熙有根有据的分析，入情入理的动员，稳定了指战员的情绪。

最后，蔡申熙率领红十五军与曾中生一起，以区区两三千人，创造了保卫鄂东北根据地的奇迹。然而，最初的战斗却异常的艰难。

12月16日，蔡申熙率部在地方武装配合下，向进占鄂豫边南大门的河口之敌实行攻击。白雪皑皑之夜，战士们不顾长途转战之苦和弹尽粮绝之难，唱着《国际歌》，以血肉之躯，一举突入河口镇，歼敌四十四师一部，后由于地方部队没有跟上，只能从右翼退出，未能全歼敌人。这是一次消耗战，基本没有缴获，红十五军的处境也更加困难了，子弹每枪不满1颗，即使是放哨的红军战士也要借用才能凑足3颗子弹。

不过不论如何，受此打击，南路之敌不敢再行北进。12月下旬，北路豫南之敌在敌"剿共"总部敦促下，大举南下，进攻七里坪。12月22日，红十五军北上阻击，先是在光山南部与敌人激战一次，没有打好，后退守七里坪，与敌激战两昼夜后，因无弹药补给，退出七里坪向西进入老君山，又遭敌两个团夹击。红军难以立足，只得从老君山向七里坪以南转移。红十五军虽未取得几次战斗的胜利，但与敌对峙，掩护了当时在七里坪一带的鄂豫皖党政军后方机关的顺利转移。

因敌兵突入鄂东北根据地中心区，侵占七里坪时，分路大举烧杀抢掠，所以红十五军不仅势单力薄，而且粮食供应也发生严重困难，生死系于一线。是将全军分散到各县打游击，以口就粮呢，还是跳出敌人的铁桶阵，打到别的根据地去？战士们都焦急地等待着军部的决断。

蔡申熙与曾中生、陈奇商量后，召开全军兵士大会，宣布："以口就粮，可以填饱我们的肚子，但是保不着我们的脑袋，分散游击正中敌人各个击破红军的诡计。脱离现有根据地，可以保着我们的脑袋，但丢掉了我们红军的灵魂，我们决不做贪生怕死之辈。我们走第三条路。鉴于黄麻中心区域被敌侵占，在内线作战不利，我们将向东线外移，以转移敌之目标，使敌不得不重新调整部署，同时按中央的决定，求得会合红一军，以便集中力量，配合广大群众的游击战争，实行内外夹击，打破敌之'围剿'。突破敌人的重围，到皖西与红一军会合，然后一齐杀回来！"

12月28日，红十五军从黄安向河南光山、商城突围前进。途中，在商城南部再次遇敌商城民团顾敬之一个团设置的封锁线的阻击，无法前进。并不是红十五军没有战斗力，而是没有子弹，无法形成杀伤力。部队遂从商城转至麻城赤区。

1931年1月4日，几乎是弹尽粮绝的红十五军东进至鄂豫边和皖西之间的麻城县福田河时，遇到敌夏斗寅部一个团的堵击。红军的枪支多数没有子弹了。战士们便把没有子弹的枪支送给赤卫队，换成了梭镖，好和敌人拼刺。在一个雪夜，蔡申熙在绝大多数指战员有枪无弹的情况下，毅然下令吹冲锋号。他的口号是："接近敌人就是胜利！"战士们都明白，如果不能尽快冲入敌阵，就会在开阔地带变成敌人射击的活靶，于是拼命迎着敌人的枪口奔跑。一批批战士在通过旷野时被敌弹打倒，但是密集的火力和大量的伤亡并没有迟滞他们奔跑的速度。敌人愣住了，惊呼："哪有拿着脑袋往刺刀上撞的打法！"红军战士剽悍的作风和无畏的精神压垮了敌人的斗志。战士们冲破数道战壕，与敌人展开白刃战，最终全歼该团数百人，占据了福田河，缴获了子弹千余排、现洋数百块，解决了一直困扰部队的弹药问题。红十五军战备物资得到补充，精神也为之一振。当时已编到红十五军三团8连当战士的滕海清，也从班长手里领到了5发子弹。

在红十五军和鄂豫边军民英勇反"围剿"的同时，红一军也在皖西取得了重大胜利，连克金家寨、麻埠、独山，进驻二道河，被敌侵占的皖西和豫南苏区几乎全部恢复。

红十五军北上跳出敌人"进剿"鄂东北的包围圈，进抵商城南部的长竹园，终于遇到在皖西作战归来的红一军先头部队。战士们一片欢腾。1月15日，两军开赴麻城县福田河。一路上雪花飘飘，给这场行军添加了壮勇不凡的气氛。

在福田河河滩上，红一军和红十五军两军合编为红四军。原红一军一师和红十五军第一团改编为红十师，蔡申熙任师长，陈奇任政治委员；原红一军二师与红十五军三团合编为红十一师，许继慎任师长，庞永俊任政治委员；活动在皖西的红三师七团改编为军委会警卫团。全军共 12000 余人。

这是一次令人难忘的"混编"。没有领导讲话，也没有人动员，红一军、红十五军的战士站在福田河河滩上，"1、2、3"报数，按所报数字组织部队。来自两个苏区的两支军级红军部队，半天就整编成功。这只有共产党的部队才能做得到。

　　红一军和红十五军两军合编为红四军后，部队的战斗力大为提高，战士们一个个磨刀擦枪，积极求战。鄂豫边特委决定以主力寻机包围根据地外围的弱势之敌，调动增援之敌，于运动中消灭其力量，另以一部配合地方武装，拔除敌人设在根据地内部的孤立据点，破坏敌人的"围剿"企图。经过研究，蔡申熙、曾中生、许继慎等人想出了围点打援、坑道爆破和飘忽战术等方法，蔡申熙承担了率部试阵的任务。

　　蔡申熙试阵的第一仗，是1931年1月26日围攻湖北麻城北部的磨角楼。磨角楼防御十分严密，一个营与民团守内，另一个营守外围。蔡申熙率红十师主力向磨角楼发起攻击，歼敌一营，引动敌四个团兵力前来救援，这时，由红十一师对增援之敌予以迎头痛击。此役总共歼敌1000余人，缴枪1000余支，虽然我方伤亡也不少，"和敌人打了个平手"，但此战开创了鄂豫皖红军有计划"围点打援"的范例。蔡申熙负责"围点"，许继慎负责"打援"。从此，这个战术成为红四方面军（红四军1931年11月上旬与红二十五军组成红四方面军）克敌制胜的主要法宝。

蔡申熙试阵的第二仗是新集之战。1931年2月，蔡申熙率部攻打鄂豫边苏区敌人重要堡垒河南省新集（今新县县城）。大家的战斗情绪很高，高呼"打下新集过新年"的口号，于2月2日夜将新集团团围住。

新集是大别山区的一座山城，是鄂豫皖交通要道。鄂豫皖土地革命后，附近光山、黄安、麻城等地豪绅纷纷逃入新集聚集顽守。城内豪绅曾仲颜为光山首富，为了对抗人民革命，他"散财发粟"招兵募卒，赶制枪械，组织扩充反动武装，充任民团团总，想对红军"塞其路，断绝交通"。城内还聚集着数以千计的反动武装，经常四处抢掠，屠杀群众，对根据地危害极大。在此之前，大别山红军两次攻打新集，均未得手。

蔡申熙研究敌情后，每天让部队发动佯攻，暗地里却在机枪掩护下，从北城墙外 50 多米处一个小山沟旁开挖坑道，组织坑道爆破成功，随后集中师部通信队 100 余人，手提驳壳枪，趁机冲入，经过 3 个小时肉搏巷战，干净利落地全歼曾仲颜守敌 1000 余人，缴获了大批物资。

据考证，攻克新集是红军历史上最早进行坑道作业的战例。解放新集的战斗使红军取得了攻坚战的经验，在锻炼和提高红军的战斗力上起了重要作用，而且此仗打通了鄂豫边和豫东南根据地的联系，也就是中央多次指示要打通的"商光路线"，使整个鄂豫皖苏区进一步得到巩固和发展。

1931 年 2 月初，鄂豫皖临时特委在新集召开扩大会议，正式组成中共鄂豫皖特委和鄂豫皖革命军事委员会。曾中生任特委书记兼军委主席，蔡申熙任特委委员、军委副主席。会议反思了"左"倾错误造成的各种不良影响，总结了第一次反"围剿"的经验，制定了新的斗争方针。鉴于敌人新的"围剿"尚未到来，会议决定向京汉线信阳、广水段出击，"采取内线作战法，以飘忽的战略乘着敌人不备，突破敌人，使敌人将军事布置处居于被动的地位，诱敌出阵而消灭之"。

蔡申熙试阵第三仗，是双桥镇大战，这一仗也奠定了鄂豫皖根据地第一次反"围剿"最后胜利的基础。1931 年 3 月 2 日，红四军先是以许继慎率部袭占李家寨车站，截住一列兵车，全歼车上敌新编十二师一个旅；5 日，又攻占柳林车站，歼敌一个营，溃敌两个团。这两次战斗，共毙、俘敌 2000 多人，缴获大批军火物资。红军的袭击，使中国南北交通大动脉京汉铁路处于瘫痪状态。郑州绥靖公署主任刘峙忙调部集结信阳，向南推进。武汉行营主任何成浚也急令孝感驻军岳维峻三十四师沿滠水北进，前往解围，并令三十一师主力由广水沿铁路线指向信阳，企图南北夹击红军。

岳维峻自恃装备精良，弹药充足，气焰嚣张，不可一世。他率部从孝感出发，8 日抵双桥镇，将第一〇〇旅两个团布于滠水刘家湾、松岭山、田子山、罗家城一线，第一○一旅两个团布于灄水东岸一线，师部、两个旅部及山炮营均驻双桥镇内，距红军主力集结地仅 15 公里。

红四军侦知岳部已成孤军，决定集中力量，南袭双桥镇之敌。蔡申熙第十师从北向南进击灄水西岸之敌，以三十团正面突击，以二十九团从双桥镇西南方向迂回，断敌退路，二十八团则位于双桥镇以北，作预备队；以许继慎十一师从东向西进击灄水东岸之敌，由三十一团正面突击；罗山独立团向双桥镇东南方向迂回，断敌退路，以被称作"老虎团"的三十三团位于余家集以西的麻雀岭，作预备队。

9 日拂晓，一场激烈的战斗开始了，红军布于灄水东西两岸的突击队发起攻击。敌人仓皇组织反扑。红军三十、三十一团与敌展开了争夺制高点的激战。10 时左右，二十九团占领了双桥镇西南的尖鸡岗，罗山独立团亦抵东南的小魁山一带。敌三十四师陷于红军的包围之中。双桥镇方圆数十里的群众也在地方党组织的动员和组织下，拿着土枪、大刀、长矛前来参战，冲锋号声、枪炮声响彻灄水河两岸。敌人军心动摇，也不晓得红军主力究竟是在什么地方,一时陷于混乱。

岳维峻带着两个团出镇反扑,企图打开缺口。炮火不断向红军阵地袭击,武汉还飞来 3 架敌机助威,阵地上硝烟弥漫,辛辣的火药气味,呛得人喘不过气来,一处前沿阵地得而复失,红军又组织力量争夺。突击队乘着敌人炮火的间隙,一点点向前移,到接近敌人工事时猛然跃起,跟敌人拼刺刀来。战争异常激烈,敌我双方反复冲杀,阵地几度易守。……二十八团在敌人两个团的猛攻下,后退了几里路,仍守住阵地。蔡申熙右臂和脚部负伤,令担架放在一边,仍坚持指挥战斗。

鏖战到中午,敌人已疲惫不堪,红军乃下令预备队出击。二十八团是黄麻起义老班底,三十三团是商南起义和六霍起义老班底,战斗力很强,即以迅猛之势,直扑双桥镇内。敌人的指挥中心顿时瘫痪,很快被分割全歼。岳维峻也在双桥镇被红军战士活捉。

双桥镇大捷宣告了敌人第一次"围剿"的彻底破产。此役前后历时 7 个多小时,共毙敌 1000 余人,俘敌 5000 多人。缴得大批军火物资:枪 6000 余支,山炮4门，迫击炮20多门，机枪20多挺，战马200多匹。山炮在红四军中还是很稀罕的。此次所缴山炮，和红一军之前缴获的山炮一起，组建了红四军的炮兵连。战后，边区各地掀起了拥军、参军热潮，红四军扩大到15000多人，全军战士的军事、政治素质有了很大提高，战略战术也有了发展。红四军也成为中国红军革命中的"铁军"，成为一支能进行较大规模运动战的坚强队伍。蔡申熙带领部队摸索和实践新战法，领头三次试阵，立下了赫赫战功。这也是蔡申熙后来被中央军委评为共和国36位军事家之一的一项有力依据。

彭杨军校育人才

　　鄂豫皖红军极为重视军事教育。1931年2月，根据中央军委命令，鄂豫皖红军创办了中国工农红军军事政治学校第四分校，曾中生兼校长。不久改名为彭（湃）杨（殷）军政干部学校，以纪念彭湃、杨殷两位革命领袖。

　　在双桥镇战斗中，蔡申熙被敌人机枪击中右臂，打了个对穿。他忍痛指挥战斗，一直坚持到战斗胜利，但由于伤势严重，医疗条件差，最终右臂致残。暂时不能带兵打仗，蔡申熙想了想，找到曾中生说："我虽然手不能拿枪，脚还能走，口还能讲，可以分配我一点工作。建设一支正规划的红军，最难的是干部培养，而培养干部最难的又是高级干部的培养，让我到彭杨军校去办学吧。"

中共鄂豫皖特委和军委会经过慎重考虑，任命蔡申熙为彭杨军政干部学校校长。曾广澜带着女儿来到鄂豫皖苏区，也在彭杨军校任军需科长。

蔡申熙在自己的岗位上尽职尽责。虽然负伤未愈，但每天早上军号一响，他总是最早来到操场，头戴军帽，身着军装，腰束皮带，上挂短枪，在晨风的吹拂下显得雄姿英发。哪怕右臂不方便，他仍坚持和教员、学员一起在训练场上操练，教员、学员身上有多少汗、多少泥，他身上也有多少。

他生活俭朴。为了让他早日恢复健康，组织上想给予他一些照顾，可他一旦知道，就绝不会接受。当时每月他有 30 元生活费。他算了一下账，认为有 15 元就够了，坚决将多余的钱退了回去。有一次，曾中生派人送来一些战场上缴获的补品，想给他补身体，蔡申熙自己舍不得吃，全部送给了医院里的伤病员。平时，同事们吃什么，他也吃什么，顶多偶尔吃点鸡蛋，他的生活秘书常说："给蔡校长当秘书，真是再好不过了。不但脾气好，生活上也克己奉公。他的津贴费全由我管，给他吃什么，他从不过问。"他这种以身作则、清正廉洁的作风，给了教员、学员以极大的鼓舞。

培养和提高排、连长和指导员的军事技术、指挥艺术，是提高部队战斗力的重要一环。由于工农红军基本上是从游击战争中产生和壮大起来的，绝大多数指战员都是农民出身，他们仅有的一星半点军事知识是从战争中接触到的，在红军由游击战进入运动战的时候，急需对军队的干部进行系统、正规的军事、政治教育。蔡申熙在军校最大的愿望，就是让大别山这支英勇善战的红军在保持战斗力的同时，提高军事素养。

蔡申熙首先规范招生，每期学生由部队和地方共同选派，每连送4人，各工会、农会、青年团与党组织也要选送，还要求学生成分较好。学生不符合要求的，推荐单位负责人要承担责任。学校共办4个队：两个学兵连，一个特种技术连（也就是机炮连），一个政治连，后来还办了电台班。蔡申熙仔细审定各种教学计划，根据战场需要和学员情况适时地调整课程，同时注意将红军在战争中创造的丰富经验提炼为操作性较强的战术模式。他十分重视政治思想教育，强调贯彻理论联系实际、教育与训练必须结合实战要求的方针。他自己也经常给学员上课，热情地为学员讲解军事知识，介绍苏联十月革命。他讲的这些内容对学员们来说都十分新奇，受到了他们的热烈欢迎。

为解决教员不足的问题，蔡申熙还别出心裁地从俘虏中挑选一批军官担任教员，让他们教授国民党军队行军打仗的军事条律和基本做法。他这种理论与实践并重、教育与训练并重、注重实战的教学方法，取得了很好的效果。许多学员进校前连口令都不会喊，毕业后就能够独当一面地指挥部队单独作战，有的还在这里学会了用英语发报。

彭杨军校以培养红军军政干部为主，采取轮训的办法，每8个星期一批。蔡申熙在军校主持了4期训练班，第一、二期每期人数仅够一个连，到第三期就轮训学员230人。

蔡申熙知道，随着红军作战胜利，红军的扩大，苏区的扩大，特别需要训练大批的军政干部来加强红军的力量。1931年11月27日，为做好彭杨军校第

4期招生工作，蔡申熙通过努力，由鄂豫皖中央分局发出通知，要求"各地党部动员真正坚决勇敢的工农分子来实施对他的军事教育"。新学期共招收500人，其中女生44人，在1932年1月20日前送至新集鄂豫皖军事委员会。彭杨军校这期招生达到一个高峰。

在彭杨军校，蔡申熙为鄂豫皖培养了一批军事和政治学员，这些学员后来大多由连、排长或指导员成长为红四方面军的营、团级干部。在蔡申熙的努力下，彭杨军校适应了鄂豫皖苏区革命发展对干部的需要，因而也赢得了根据地"干部摇篮"的赞誉。

　　蔡申熙正在埋头办军校期间，张国焘、沈泽民等人来到鄂豫皖根据地，传达中央决定，撤销中共鄂豫皖特委，组成中共中央鄂豫皖分局。蔡申熙是中央指定的八位分局委员之一，并担任鄂豫皖军事委员会参谋长，同时仍任彭杨军政干部学校校长。

　　张国焘和蔡申熙早已相识。在张国焘眼中，蔡申熙在军事见解上往往有独到之处，凡是"作重大决策时事先找他商讨一番"。自张国焘来后，鄂豫皖军事决策圈成员是张国焘、蔡申熙、沈泽民、徐向前、陈昌浩。凡是草拟最高军事决策，都由蔡申熙承担。张国焘对他信任有加，某些方面算得上言听计从。这在张国焘一生中是十分罕见的。

1931年11月7日，鄂豫皖红军在黄安县七里坪举行庆祝十月革命24周年纪念大会，宣布了党中央的决定——成立中国工农红军第四方面军，下辖第四军和第二十五军两军，总计3万余兵力。彭杨军政干部学校直属方面军总部，蔡申熙仍留军校主持工作。1932年1月，蔡申熙又当选为中共鄂豫皖省委委员、鄂豫皖省苏维埃政府执行委员。在此期间，张国焘在前方随军作战，军委会的工作由蔡申熙在后方主持。蔡申熙成为鄂豫皖苏区党政军的领导核心之一。

红四方面军成立后，先后发动了黄安战役、商（城）潢（川）战役、苏家埠战役、潢（川）光（山）四次战役，成建制消灭敌人正规部队将近40个团，约6万余人，痛快淋漓地粉碎了蒋介石对鄂豫皖苏区的第三次"围剿"。鄂豫皖苏区和红军迅速壮大。根据地总面积4万余平方公里，人口350万，拥有红安、商城、英山、霍邱、霍山5座县城，建立了26个县级革命政权。红四方面军总兵力有45000余人，成为中国红军三大主力之一。游击队、赤卫队和各县独立团也发展到 20 余万人，鄂豫皖苏区成为仅次于中央苏区的全国第二大根据地。

在红四方面军发展如火如荼之际，蔡申熙却十分冷静。在军委会参谋长的岗位上，他思考得最多的就是红四方面军今后发展方向的问题。

蔡申熙为鄂豫皖红军拟定了顺利发展时期一些积极性的军事方案，但结合当时实际，他认为鄂豫皖苏区地理位置过于靠近蒋介石统治中心南京，是四面受敌之地，在敌军优势兵力压迫之下，没有回旋的余地，情况不利时不易实施化整为零的游击战术。由此，蔡申熙为红四方面军准备的对付蒋介石第四次"围剿"的军事策略是：积极方面，以鄂豫皖苏区为根据地，在东西两面分别消灭进攻的敌人；消极方面，是失利时退到平汉路以西，占领襄樊、鄂阳一带鄂北地区，与大江以南的湘鄂边区的贺龙部互相呼应。为什么要向西呢？因为南有长江，北有淮河、黄河，东面是津浦线，这三方的军事要点，都有国民党重兵把守，只有西面是国民党军力较弱的地方，也有广大的后路。

蔡申熙不仅是设想红四方面军退路问题，后来还曾花了不少时间研究平汉路以西方面的情况。那时，原在洪湖一带的贺龙部因军事上失利，退到湘西桑植去了，红四方面军很难与他们取得联系。平汉路以西，孝感、云梦、安陆一些零星游击队早被国民党军队摧毁，其中有些隐藏在鄂豫边境大别山脉的西段。蔡申熙曾派人去和这些游击队联系，也派了一些人深入鄂西北和陕南一带地区调查情况，为红四方面军在不利情况下转移苏区做好准备。当然，这是高度机密。这些也就是为后人所称赞的"为红四方面军预留后路"。

临危受命

1932年6月，蒋介石亲自出马担任鄂豫皖三省"剿匪"总司令，确定第四次"围剿"首先集中主要兵力进攻鄂豫皖苏区、湘鄂西苏区。红军也发现了敌人的动向。6月29日，决定鄂豫皖苏区第四次反"围剿"军事行动的夏店军事会议在夏店一家布店的厅堂里举行。

厅堂中间摆着几张八仙桌子，四周是椅子和长凳。墙上挂着苏家埠大战缴获来的巨型作战地图。蔡申熙走到地图前，简洁地向鄂豫皖中央分局委员、候补委员、军委委员介绍："6月12日，就在潢光战役之际，蒋介石在庐山召开会议，确定了第四次'围剿'的整个战略步骤。进攻鄂豫皖苏区的总兵力达到 24 个师又 6 个旅，30 余万人，且三分之一为蒋嫡系精锐部队，另有 3 个航空队参战，主力集中在平汉路两侧。"接下来，蔡申熙又详尽地向大家介绍了红军通过各种途径截获的有关敌人调遣动向的绝密情报。

"敌人的确在行动了！"政治委员陈昌浩作着补充，"我们前阵子攻打信阳鸡公山时，从洋人那儿缴获的上海《字林西报》中看到新闻：蒋介石拟定进攻鄂豫皖苏区新计划，自任中路军司令并派飞机助战等等。"

会议室一片静寂。

徐向前站起来说："尽管形势严重，但仍有粉碎敌人的有利条件。首先，四大战役的胜利，使红军部队士气高昂，械弹充足，作战经验更加丰富。其次，根据地空前扩大，红军作战有了更多的群众支援和广阔的回旋区域。加之敌人嫡系和杂牌之间仍有矛盾，有可乘之机。只要做好准备，这次'围剿'同样可以粉碎。当前进攻皖西北的右路军十分猖獗，而我军主力所面对的敌人中路主攻部队和部分助攻部队尚未到达指定位置。从第四次反'围剿'战场全局考虑，红军主力再继续攻击，粮弹是个问题，而且现在天气炎热，我们的主力极度疲劳，迫切需要进行必要的休整和物资准备，特别是要对第四次反'围剿'进行很好的战前教育……"陈昌浩也同意徐向前的意见。

但张国焘盲目乐观，被黄安、苏家埠等4次战役的胜利冲昏头脑，对形势也估计错误，认为这次蒋介石的重兵不堪一击，拒绝了徐向前、陈昌浩暂时停止进攻，将红军主力集结于适当地区休整，作反"围剿"准备的正确建议，坚持要红军实施不停顿的进攻，并根据沈泽民的意见决定南下夺取麻城，以实现其威逼武汉的计划。蔡申熙虽觉不妥，但也无法转变张国焘的意见。

对形势作出错误的判断，行动方针是不会对头的。也许从这时起，已种下了第四次反"围剿"失败的根苗。会后，张国焘等人留在前线，蔡申熙和沈泽民等人一道返回新集，继续主持鄂豫皖中央分局军事委员会和彭杨军校的工作。虽身在后方，蔡申熙仍倾注全部心力研究前方战事，有时深夜躺下休息时，仍要看一会书，甚至枕着电话机睡觉，盼望着从前线传来捷报。

红四方面军南下麻城作战，取得了一些胜利，但是这一行动并未打乱敌人的"围剿"部署，反使红军受其牵制，战略上陷于被动。不久，果然从鄂豫皖苏区东部战线传来不利的消息——红二十五军所驻霍邱遭到敌军徐庭瑶部的进攻，来电告急。张国焘和鄂豫皖中央分局、军委会急令蔡申熙火速赶往前线。

彭杨军校的教员、学员都感到难舍难分。军校有几个教员是俘虏来的国民党中下级军官，在"肃反"狂潮中，蔡申熙凭着自己的威望将他们保护下来。在得知蔡申熙出任军长时，都哭着要跟校长一起走。许多学员不等天亮就跑到他的住所送行，流着眼泪说："不是为了革命的需要，我们真不会让校长离开。"

蔡申熙赶到麻城后，张国焘焦躁地递给他一张电报纸，说："皖西北方向敌徐庭瑶第四十师已从寿县向霍邱全线发起攻击。已接近完成对霍邱城的包围。旷继勋回电说要率部坚守，与敌决战。"

蔡申熙愣住了。目前红军主力在西线作战，围攻麻城，却因为敌城防坚固，久攻不下。其他一系列作战行动，虽然给敌人以一定的打击，但并未打乱敌人的"围剿"部署。现在东线敌军向霍邱县城进犯，旷继勋兵力有限，七十四、七十五师在城外，要守住霍邱孤城太难了。"张主席，我们必须首先考虑，如何设法扭转皖西北战局。应该让旷军长知道危险的程度，通知他把部队撤至城外，占领有利地形，相机歼灭来犯之敌。"

"好，你立即拟定电文，通知旷继勋照此办理。"

但发给旷继勋的电报并没有起到作用。旷继勋回电报说正与敌人接火，如情势不利再行撤出。形势危急，鄂豫皖中央分局和军委会决定由蔡申熙前往皖西北苏区，接任红二十五军军长。

蔡申熙临出发前，徐向前对他说："申熙同志，张主席、陈总政委和我急派你到皖西北接替旷继勋担任二十五军军长，你是临危受命，去收拾残部，尽力补救，以配合整个鄂豫皖战场反'围剿'军事行动。这实在是不得已而为之，你身体尚未完全康复，本不宜远行……"

"总指挥，你就什么也别说了，皖西北只有我去为好！"蔡申熙急忙打断徐向前的话，"你们担子重，绝不能走。我虽受伤，但已近痊愈，经得起摔打。好在我对皖西北那里的情况比较熟悉。前年年底我率红十五军到鄂豫皖会合红一军时，就是从那边过来的。"

他又立即征求张国焘、陈昌浩的意见："张主席，陈总政委，让我去吧，时间不等人，迟延不得！"

蔡申熙临危受命，带伤出征的消息，惊动了总部。他素有声望，深为部下爱戴。分局、总部的干部战士，都来为蔡申熙送行。蔡申熙身着半新的军衣，腰束皮带，扎着绑腿，背着斗笠，军帽下那张脸显得格外有神。

徐向前走上去，双手将蔡申熙的手紧紧地握住，说："申熙，多保重！"

"向前，你也要多多保重！"蔡申熙回应后，又凑近徐向前耳边说，"这边就看你的了。"说着，他举起左手向大家敬了一个军礼，纵马向皖西北驰去。

蔡申熙一路纵马急驰，没有作过多的停留。途中，他四处召集余部，整理部队，重新组编了第七十四师和第七十五师，使全军人数达到 10000 余人，可是已经来不及了。7 月 12 日，敌军已经攻入霍邱城。守城部队与敌人展开巷战，因寡不敌众，除旷继勋率领百余人从西门突围，得以脱险外，霍邱战斗部队千余人被俘，千余人牺牲。

在霍邱县委所在地大顾店，蔡申熙和军政委王平章等人会合，就任红二十五军军长。

此时，占据霍邱城的徐庭瑶指挥部队共 2 万人，向皖西北苏区中心地区推进。

徐庭瑶部武器装备好，已经开始装备汽车和新式大炮了，气焰正炽，7月20日已进至张集一带。

鄂豫皖红军主力大都集中在鄂东北，皖西北兵力远不及鄂东北兵力雄厚，缺乏围歼徐庭瑶部的力量。根据蔡申熙的命令，红二十五军七十四师、七十五师已经到达霍邱南部的夏店一带集结。尽管缺乏兵力，皖西北这一仗还是要打。经过考量，蔡申熙和王平章决定在霍邱县城南部的六安、霍邱交界处的长集至夏店地区伏击向南突进的徐庭瑶第四师，争取打一个胜仗，挫敌锐气。

8月初，敌人从霍邱县河口集一带向南进攻。蔡申熙命令前来增援的地方武装部队逐地与敌人争夺，抗击敌人进攻。8月上旬，在夏店至长集之间的砖佛寺前，蔡申熙选择了一个敌人必经的三面为山岗的盆地，摆下一个"口袋阵"，将七十四师预先埋伏于砖佛寺附近，"口袋底"设在砖佛寺大庙，在庙顶上布置几挺机枪，士兵分别潜伏竹林、稻田、村庄内，又派一些当地赤卫队队员化装成老百姓,在大路两边"备水劳军"，声称"匪已退尽"，诱敌深入红军伏击圈内。

另将七十五师调至夏店附近，准备增援。

此次敌人打头阵的是第四师独立旅。旅长是蔡申熙的黄埔一期同学关麟征。8月10日下午3时，关麟征独立旅第二团担任先头团，行至附近。因在霍邱大胜，他们十分大意，没有搜索便进至砖佛寺，进入蔡申熙部署的埋伏阵地。

100步远、80步远、50步远……已经能看清敌人的脸了。蔡申熙一声令下，设伏的七十四师机枪、步枪、手榴弹如万箭齐发，全部攻向敌群。不过，被困敌人冲势甚猛，前面倒下一排,后面立即补上。这时，地方部队也从侧面赶来冲向敌阵。红军七十五师和地方部队合力出击，奋勇冲杀，毙敌俘敌无数。敌先头团陷于混战之局。关麟征一向作战勇猛，深得徐庭瑶器重。几分钟之前，他还骑在一匹大黑骡子上，给徐庭瑶拍发电报，报告自己率部"进剿"两天，未受一枪一弹袭击，且当地还有百姓备水劳军。可是几分钟之后，红军枪弹齐发，打了他一个措手不及。是那匹大黑骡子以它硕大的身躯，挡住了红军射向他的密集子弹，救了他一条小命。

敌独立旅先头团被击溃后，后列梯队即连续冲锋。关麟征下令实施反突击，指挥部队分散抢占砖佛寺四周制高点。驻合肥的敌机得到消息后也立即前来支援，贴着树梢俯冲扫射。敌人十几挺重机枪也疯狂射向红军。红军堵口子的主阵地设在砖佛寺一大片茂盛的竹园内，此时几万根修竹如同刀削一样，被炮弹壳和子弹齐刷刷地弄断，所剩无几。

红二十五军构置成的口袋是一只并不结实的"口袋"，如果网住的是一条小鱼，完全可以包住它，可是现在钻进来一条大鲨鱼，只有网破了。因装备太差，守备部队受炮火杀伤，人员剧减，抵挡不住敌连续冲锋，被国民党突破部分阵地，抢去了几个小山头。不过砖佛寺一役，红军依然毙敌团长1名，俘敌200余名，缴长短枪400余支、机枪30余挺。这是第四次反"围剿"期间，红二十五军在蔡申熙领导下打的第一个胜仗。

这一仗，让徐庭瑶警觉起来，他规定部队，从今以后无特别目的，每日行程不超过30公里，约于每日下午3时占阵宿营，黄昏之前完成必要之防御工事，使部队可以保证充分休息，确保突然遭到攻击时有所掩护。

避实就虚，避强击弱。考虑到在进攻皖西北苏区的敌军中，右路军徐庭瑶部最强，当晚，蔡申熙下令将部队撤到霍邱、六安两县交界地带，运用主力，在两县苏维埃和地方部队的配合下，红二十五军通过诱敌设伏和"围点打援"，在钱家集周围共灭敌2000余人。这是第四次反"围剿"期间，红二十五军和皖西北军民在蔡申熙领导下打的第二个胜仗。

8月8日，敌右路军第七师渡过淠河，以第十九旅两个团三十七团、三十八团为先锋向郭家店进犯，策应徐庭瑶部作战。蔡申熙决定利用郭家店周围的地形打伏击战。16日，蔡申熙指挥部队，趁敌立足未稳之际，从郭家店南部的黑狗冲、右边的小乌鸦岗发起进攻，和敌人整整战斗一天，歼敌2000余人。敌三十八团团长高起昆提着手枪在后面督战，可是兵败如山倒，部下仓皇逃命，高起昆重伤，副团长被当场击毙。

是役，红军伤亡也很大，小乌鸦岗和黑狗冲松林里，牺牲的烈士和苏维埃干群近2000人。当夜，蔡申熙又杀了个回马枪，打回郭家店，歼灭敌人300余名，摧毁了敌旅指挥部，搜缴了一大批武器弹药，救出了几百名红军被俘人员。这是红二十五军和皖西北军民在蔡申熙领导下打的第三个胜仗。红四方面军战史资料记载，在皖西北苏区红四方面军反"围剿"战争中，"尤以郭家店一战为剧烈"。

红二十五军和皖西北地方武装在蔡申熙领导下，经过砖佛寺、钱家集、郭家店三次战斗，打乱了敌右路军"围剿"皖西北苏区的战略部署，降低了敌人的进攻速度。彼时，蔡申熙唯一有效的办法，就是合理调配部队，迟滞敌人的进攻态势，拖住敌人，使皖西北苏区在一定程度上成为鄂东北战场的后背掩护阵地。

红二十五军尽了全力，但敌人没有停止进攻。进攻皖西北苏区的左路王均部、中路梁冠英部（接替胡宗南部）、右路徐庭瑶部从各自占领位置，向皖西北苏区政治、经济、军事中心麻埠、独山及金家寨进攻。

保卫这几个中心城镇是红二十五军的中心任务。面对敌人的持续进攻，蔡申熙及时调整了战略：集中七十五师和部分地方部队，屏护皖西北金家寨，并在八里滩留置游击队和独立十二团，互为犄角；集中七十四师和部分地方部队，守护六安县苏维埃所在地独山，以及皖西北苏区政治中心、道委所在地麻埠镇。红二十五军以一种守卫的架势，等待红四方面军主力在鄂东北战场的胜利。

在六安康家铺，蔡申熙伏击了敌二十一旅。此次战斗历时 6 个小时，共歼敌 1000 余人。敌旅长及其参谋长在特务队的拼命掩护下夺路而逃。

8 月 30 日，敌人进攻金家寨的前哨叶集、开顺街一线。9 月 5 日，敌人占领独山。9 月 9 日，敌人在空军的掩护下占领麻埠镇。9 月 13 日，敌人攻占了流波古镇……皖西北苏区现在只剩下金家寨这一座中心城镇了。红二十五军保卫皖西北苏区后期最激烈的战斗，就发生在金家寨方向。

通过侦察，蔡申熙决定在雨相台狮子口突袭进剿敌军。狮子口是敌人从叶集进攻金家寨的必经之处，乃史河南岸一处关隘，左边是高山，右边是悬崖，道路两边巨石耸立，如同狮子口中的巨牙。红军中有人提议将部队埋伏于悬崖下的低洼处，待敌人前锋通过时即对敌人司令部发动进攻。蔡申熙却知道，国民党进剿部队自砖佛寺大战后，每天出发采用战斗队形前进，搜索正面最起码展开5公里。在敌人搜索范围内藏兵，等于让战士们送死。

蔡申熙挑选出精兵，组成突击队，在狮子口左侧高山上埋伏，这样隐于森林，位于敌人搜索正面之外，便于监视敌人。此地道路险要，敌人行军纵队必然拉长，不利于前后接应，到时再以七十四师在战斗打响后从正面冲击接应。

徐庭瑶部队第四师十旅于10日进入大别山中，以两个团并列展开，沿史河搜索前进。师部在十旅后面，独立旅在师部后方，依次跟进。师部在第十旅通过狮子口前方高地后，前进行抵雨相台。在狮子口西侧行进时，徐庭瑶看到该处左侧为不能攀登的绝壁，绷紧的神经才稍微放松一点。此时，右前方百余米深沟处突然出现红军战士3000余人，发起袭击，一阵射击后继以冲锋，敌"辎重民夫，四散逃窜，师直属部队陷于混乱"。徐庭瑶吓得出了一身冷汗。由于徐庭瑶警卫营装备精良，多为手提机枪，火力大且利于近战，红军久攻不下，且敌人后卫部队已开始向前增援，对红军形成夹击，蔡申熙再次下令撤退。不过，狮子口之战差点活捉徐庭瑶，延缓了徐庭瑶纵队进攻金家寨的步伐。

徐庭瑶纵队于 9 月 11 日占领大小马店。但当他得知红四方面军主力从鄂豫边过来时，又后退到叶集一线固守阵地。这时，蔡申熙接到红四方面军总部送来的急信，要他率部至金家寨、汤家汇之间与分局和总部会合。

会师金家寨

1932 年 9 月 14 日清晨，红四方面军总部由汤家汇直下金家寨。蔡申熙率领军部人员在金家寨与汤家汇之间的大路边等待张国焘等人的到来。

看到张国焘等人，蔡申熙迎上前去，向张国焘、徐向前等人举手敬军礼，然后便热切地跑上去和他们握手问候。大家发现，分手才两个月，蔡申熙脸上发生了难以想象的变化。原本瘦削的脸现在变得更加黑瘦了，双颊突出，下颏尖了，隔着一副近视眼镜，仍可看出他双眼布满血丝。这一切说明他身体和精神上的疲惫不堪。列队来迎的第七十四师、七十五师的战士们，军衣也都已经破破烂烂。更令人诧异的是，这两支捍卫皖西北苏区的主力红军，武器比从鄂东北、豫东南过来的红军还差，有不少战士手里拿着的还是大刀。徐向前紧紧握了握蔡申熙的手，张了张嘴，话都说不出来。

方面军总部设在金家寨镇内皖西北军分会里。金家寨时属安徽省六安县，是一个繁华山镇，革命氛围很浓。皖西北革命根据地许多机关都设在这里。现在它又是皖西北苏区军分会所在地。在蒋介石"进剿"鄂豫皖苏区的规划图上，是以最后攻占大别山南坡的新集和北坡的金家寨作为胜利的标志的。

部队住下来的当天下午，总部即在皖西北军分会召开军事会议，研究如何在皖西北打开反"围剿"战争局面。

仅仅4个月，鄂豫皖所有的红军都分别遭受到重创。由于张国焘的瞎指挥，鄂东北、豫东南苏区丢了，皖西北苏区残破不全。

"现在开会了，主题是讨论在皖西北作战事宜。申熙，请你谈谈对于皖西北战线情况，以及对我们整个战线的看法。"张国焘主持会议。

蔡申熙整理了一下自己的思路，说："正如大家所知道的，第四次反'围剿'初始阶段，敌人事先已将10个纵队推进到鄂豫皖苏区边境，累计超过30万人。经过近5个星期的战斗，苏区四周中心城镇几乎全被敌人占领！而这还不是敌人的目标。他们的目标是用第二、第六纵队在鄂北东、豫东南交战中消灭红军主力。"蔡申熙以特有的简练、条理分明的语言，介绍了各方面的情况、在皖西北地带敌人的兵力和企图。

听了蔡申熙的汇报，张国焘、徐向前、陈昌浩心里骤然沉重起来。

蔡申熙作为军委会参谋长，深知皖西北是方面军主力在鄂东北、豫东南作战的战略后方。他的目的就是保住这块战略后方，等待主力的转进。由于战线太长，红军不能构成可靠而有力的防御，他只能指挥部队，尽量牵制各路进犯之敌。

他把自己到皖西北苏区后的情况向张国焘等人作了详细汇报——在敌军主要突击的金家寨、麻埠镇方向上，都开始了激烈战斗，虽然歼灭了不少敌人，但整个战局对红军不利，皖西北苏区外围中心城镇已全部丢失，只剩下潠河、史河上游近千平方公里的山地，以及金家寨、燕子河镇等少数山区集镇，南部英山县城情况不明。

听了汇报后，张国焘、徐向前、陈昌浩开始交换意见。"申熙同志，请你考虑并谈一谈，在当前形势下应该怎么办？"张国焘用手指了指皖西北战线的地图。

"进攻皖西北的敌人共有 60 多个团，多向推进，几乎对皖西北苏区形成一个包围圈。"蔡申熙边说边对着地图指示着四周的敌人位置，"现在，进攻皖西北的敌人主力徐廷瑶第一纵队已进至离金家寨只有 30 多公里的八里滩。我七十五师和六安县独立团正在阻滞他们。中路军曾万钟第二纵队第七师、第十二师和第三十八旅占领了独山、麻埠，守卫麻埠的七十四师只得退守流波镇。王均纵队因畏惧山势险恶，暂滞留麻埠不动。梁冠英第三纵队正向霍山一线攻击我们，又以一部攻击流波。现在，敌人三个纵队，分别从霍山、麻埠、叶集向金家寨推进，另有上官云相纵队在南边的英山阻击我们。这就是我们面对的全部敌人。"

听了蔡申熙的陈述，大家默不作声，思考着破敌的方案。

"如果在皖西北这一仗我们不能很快解决战斗，敌人就会从四面八方包围上来。这样，我们就难以脱身。"徐向前站起来走向地图，指着图上的敌人说："整个右路军中徐庭瑶是国民党嫡系，比较难打，梁冠英部太远了，不利我大部队远道出击，只有中路军第二纵队的王均，"徐向前重重地敲了敲地图上浠河上游的麻埠镇、独山镇，说，"王均占麻埠，曾万钟第十二师占独山，这两个师是我们最理想的攻击对象。"

徐向前停了停，想让大家发表意见。但大家一时都未作声，看样子是同意这个分析。徐向前接着说："这两个师是杂牌部队，是我们的手下败将。不过，要打麻埠，不讲点战术不行。"

张国焘一边听一边点头。他也有苦闷和怔忡不安。他下决心要在皖西北打好一个运动战，而且，红军只可打一仗，而没有打第二仗的力气。现在经过讨论，大家决定攻打占领麻埠、独山之敌，先以部分兵力牵制独山敌第十二师，再全力合计麻埠敌第七师，等吃掉第七师，再回扫独山十二师。全歼这两个师，即可打开皖西北战局，下一步文章也就好做了。

就在这次会议上，鄂豫皖军委会制定了新的整编计划，决定将七十三师归还红二十五军建制，抽调七十四师全部和七十五师之二二五团分别补充从鄂东北、豫东南转战过来的 4 个主力师。徐向前专任红四方面军总指挥，蔡申熙任红四军军长，待形势好转即付诸执行。会议毕，各指挥人员即分返驻地，部署一切。

确认下一步行动计划后，徐向前心情并未放松。他来到蔡申熙的住处。在红军从新集撤退前，彭杨军校教职员工和学生也编入军队系列向皖西北苏区转移。曾广澜带着女儿蔡萍迹随着队伍到了金家寨后，终于再次见到蔡申熙，一家人住在金家寨一家茶行里。

茶行厅里，蔡申熙正抱着女儿逗弄着，曾广澜端着一杯水坐在旁边，微笑着看着父女俩。徐向前不想打搅这难得的天伦之乐，刚想转身离开，蔡申熙喊住了他："总指挥，休息好了吗？怎么人到门口不进来！"

"好了。睡了一觉，洗了澡，吃了两顿饱饭，精神也好了一些。"徐向前边说边进了门，在蔡萍迹的头上拍了一下说："小鬼，萍迹，当年你妈妈带着你是从湖北到河南，千里寻夫，不简单！"曾广澜和徐向前打过招呼，笑了笑，抱着孩子走了出去。她知道他们两人在一起将有重要军务相商。

"她们这一路，让你费心了！"在金家寨能够见到自己的妻女，蔡申熙既吃惊又感激。

"党政军群机关转移是泽民同志的功劳。我无功不敢受礼。"

"我们早就盼着你们过来，可惜音信不通，红二十五军电台的电池没有了，和你们也联系不上，台长蔡威急得直冒火。都盼着咱们早到一块，就像今春会合一样，把皖西北之敌打得落花流水。"

"这次来皖西北，是鄂豫皖苏区大搬家啊，"徐向前不无感慨，"也是被敌人逼得没有办法！……就当前形势来说，我们已经十分被动……"他又俯身详看蔡申熙摊在桌子上的一张地图，说："你今天介绍的情况很好。你们红二十五军打得也不错，使我们还有一块会师的地盘。这完全是因为你指挥有方，才暂时缓解了皖西北的危急情势。"徐向前完全了解蔡申熙在皖西北的努力——敌人兵力过大，他为了保存红军有生力量，采取了游击作战方式，率领红军巧妙地避开敌人主力，转移到有利地形，再集中优势兵力消灭敌人。

"可意义不大，"蔡申熙叹了口气，"皖西北苏区只剩下山区腹地了。今后不知什么时候会出现转机……"

"现在出现转机的可能性极小，"徐向前沉吟了一下，皱起眉头，"皖西北苏区只剩下不大一块地了，其余苏区已全被敌人占据。如今秋粮难收，大军云集，补给困难，我以为，麻埠一战打好则罢，打不好，撤退只是个时间问题。如果主力早到皖西北，我们的确有灭敌一路的机会，现在，只有自食其果了。"

"只有寄希望于麻埠一仗了！这一仗如果打得好，就有机会扭转战局。"蔡申熙低沉的声音里包含着一丝忧虑，"你提到打麻埠，我是越想越不放心。从理论上说，打麻埠部署十分周密。可是皖西北也是敌军云集。如果进攻麻埠不能很快解决战斗，敌人就会从四面八方包围上来，我们就难以脱身了！"

"我和你想得一样。我们还在等待中央新的指示，中央苏区和湘鄂西苏区也会积极作战配合我们，再加上会师后我们的力量，也许我们还是能抓住战机的！"

"中央来电，绝不是退敌的天书。各根据地配合作用也十分有限。如果这些力量都不能指望呢？鄂豫皖苏区到底怎么办？ 7 月夏店会议时如果能听从你和昌浩的建议，我们的确有打败蒋介石的机会。但是，国焘和泽民同志有他们的打算……如果不行，我们得考虑鄂豫皖根据地未来的退路！"

两人又对反"围剿"战场全局进行了一番沟通。良久，徐向前起身告辞。送走徐向前后，蔡申熙盯着地图琢磨起来。此次和方面军主力会师后，固然增加了红军的实力，但敌人的攻击目标也更集中了。战局大势已定，红军回旋的余地很少，而且有一点是肯定的——内线歼敌成功率很小。蔡申熙心明如镜：要做好最坏的打算。

接下来，蔡申熙军务繁忙，不断开会，一直到深夜才回家。因为又困又累，话都没能和妻子说一句，上床就睡着了。曾广澜很生气，用拳头在他身上打了几下，蔡申熙才醒，没说上几句话，又睡着了。

9月15日夜，四方面军主力向麻埠进击。但因行动暴露，敌已戒备，红军失去了战机。进攻独山的红军同样没有成功。四方面军和敌人在麻埠、独山两地不战不和，相持了5天。20日下午，敌卫立煌第六纵队绕过红军飞旗山预设阻击阵地，攻占金家寨。红四方面军只得放弃进攻麻埠、独山的计划，准备南下英山，再从长计议。可当红四方面军主力往南转移，来到大别山腹部霍山县燕子河时，便再次听到一个不幸的消息：英山县城已于9月14日被敌攻占。红四方面军只得在燕子河镇停留了下来。

燕子河建议出转机

　　敌军步步为营，每天慢慢向红军进逼。本来红军估计占据英山的上官云相会北上进攻西界岭或燕子河，准备以逸待劳，集中主力吃掉这个师，可是上官云相非常狡猾，只以一小部前出骚扰红军，主力在英山城内构筑工事，等待红军前去进攻。更不幸的是，粮食又将告罄。燕子河是个人口不到1000的小山镇，坐落在崇山峻岭之中，交通运输极为不便。四周乡村所有粮食几乎全部被买来了，许多连队连稀饭都喝不上，红军战士只有买下老乡未成熟的南瓜、玉米，连叶连棒甚至连秆吃。尽管老百姓都想尽办法给部队送粮，宁愿自己吃树皮、草根，但饥饿还是开始威胁红军。

为了讨论红军下一步行动路线，张国焘决定在燕子河召开军事会议。

会议在燕子河刘家庄前厅堂屋举行。分局委员、候补委员、军委委员们聚在一起，每个人脸上都带着担忧和疲惫。

蔡申熙介绍了敌情：敌人从金家寨、霍山、六安三个方向合围过来。有陈继承纵队3个师，卫立煌纵队3个师，右路军第二纵队王均第七师和曾万钟第十二师，第三纵队梁冠英第三十二师。前面有上官云相第五纵队两个师、第四纵队两个师，皖敌陈调元两个师，已对红军形成前堵后追，东西夹击之势。

大家都看出整个皖西北苏区，除极个别地区外，都是敌人了。燕子河军事会议上，就红四方面军下一步行动,与会者作出了激烈争论。一是"南下先取英山，以英山为立足点，喘息待机，与敌周旋，恢复根据地"。二是"红军取英山后如继续受敌重兵压迫，则将主力暂时拉到外线，向潜山、太湖方向转移，伺机打回根据地"。以上两种意见为张国焘、陈昌浩、徐向前提出。

三是"回师黄、麻后，西出平汉路转至应山、随县、枣阳一带，那里有党和红三军的活动基础，南靠桐柏山，群众条件、地形条件均为有利"。此为蔡申熙之建议。四是"不同意红军跳出外线，积极主张红军在英山与敌决战或拉回黄、麻地区作战以恢复鄂豫皖苏区"。此为沈泽民、王平章之建议。

最后，一贯骄横自负的张国焘同意了沈泽民回师黄、麻的意见，并要蔡申熙和徐向前拟定作战计划，报分局和军委会批准。但张国焘之所以同意回师黄、麻地区作战，其实是因为蔡申熙之前的建议。

张国焘刚来鄂豫皖，和蔡申熙研究未来鄂豫皖苏区发展时，蔡申熙就对他说："我到过几个苏区，群众基础比鄂豫皖苏区好的不多。但鄂豫皖'地利'不足。它突出在长江北岸，在南京边上。蒋介石卧榻之旁，岂容他人酣睡？这里铁路线东有津浦，西有平汉，北有陇海，敌人交通联络、调兵遣将十分方便。且鄂豫皖苏区过于狭小，北有淮河、黄河，南有长江，在敌人优势兵力压迫下，没有回旋余地，不易实施化整为零的游击战术。若红军转入外线作战，也不能向南、北、东发展。只有向西发展最为有利。"

蔡申熙后来陆续向张国焘谈过几次，红四方面军如果战局出现不利时，向西退却的路线和有利因素。这固然令张国焘耳目一新，但他当时并未放在心上，因为他没想过会失败。

蔡申熙的意见后来被历史证明是正确的，但此刻并没有引起大家的重视。因为这个建议太超出人们的预想，看上去是极不现实的——红军讨论的是出击方向，到潜山、太湖，或者到黄、麻，都是下英山后，红军接着该走的棋，可西出平汉线，是回到黄、麻以后的事，是第二手棋，而且是要离开鄂豫皖苏区，这是大多数党和红军干部从没想过的。不过，这也恰恰体现了蔡申熙的远见和胆识。

最后，会议决定方面军以十师为前卫，十一师配合，南下攻击英山城。如得手，力争以英山为根据地，以恢复苏区，如果不能立足，再以主力向黄、麻老苏区转移，力争在老苏区歼敌一路，破敌"围剿"。

1932年9月29日凌晨，按照总部命令，红四方面军主力从燕子河出发南下英山作战。经过一天行军，方面军主力到达英山县城北 20 多公里处的金家铺镇。蔡申熙和红二十五军军部也驻在这里。这时，红军得到消息，英山虽只有 1 个敌师，但此时四周追兵已尾随而至，且英山防守严密，没有重武器的红军是无法攻下的。在燕子河会议制定的南下攻取英山的决策已经无法实现，新的出路何在，必须果断决策。

张国焘看了看徐向前、蔡申熙等人。"现在非常危急，必须在敌人封闭通向黄、麻大道前向西突围，"徐向前咬牙说，"经罗田西向黄、麻方向突围，那里是赫梦麟五十四师和张印相三十一师，战斗力不强，可以突破过去。"张国焘听了，半晌后才缓缓地说："向前，你下命令吧！现在回黄、麻，英山不打了。"

军号响了，仍然那么悠扬嘹亮。10 月 2 日凌晨，红四方面军这支负载沉重、饱经忧患的队伍，后卫换成前卫，前卫变成后卫，以新编的战斗序列向来路后退。红军北上至金家铺向左转，走上通往湖北罗田的山间大道。为加快速度，红四方面军兵分两路而进，蔡申熙和张国焘这一路于 10 月 2 日，在团陂歼敌姚杞芳部一个骑兵营，于 10 月 8 日进入红安的西南角。

部队行军赶路，打仗阻敌，战士们经常得不到休息，有些人走着走着就睡着了，摔都摔不醒。伤病员一天比一天多起来。蔡申熙因负过重伤，加之连续指挥行军作战，极度疲劳，瘦成个皮包骨，可那一双眼睛仍炯炯有神。

在紧张战斗的日子里，红军粮食极度缺乏，蔡申熙上山找野菜，把自己尝试过的能吃的野菜向全军推荐。他也和大家一样吃野菜。一天，军部特务班的同志想方设法煮了一碗稀饭端去给他。他温和地拒绝了："快拿回去。告诉他们我不要。下次再不要这样做。大家都吃野菜，我干吗要特殊对待呢？"

送饭的战士解释说："这是为了照顾您有病的身体……"

蔡申熙打断他的话："我的身体很好，谁说我有病？要是为了照顾伤病员，那就把这碗稀饭送去给他们吃！"

战士无法说服他，只好把稀饭端走了。

行军途中，蔡申熙经常不骑马，有说有笑，鼓舞战士们前进。一次，部队正在赶路，一个病号忽然倒在路旁，蔡申熙叫警卫员牵来自己的战马，卸下驮的东西，自己扶着这个战士，要他上马。

那战士先是迷迷糊糊的，可是一定神，发现是蔡申熙，连忙推辞："不行……不行，这是您的马……"

"我的马？不，这是红军的马，谁需要，谁就可以骑！"

"可是……你是首长。"

"你是英雄！为革命流血流汗的英雄！"

"军长，我……我可以走。你的手脚都负过重伤……"

"别说了。我命令你上马！"

蔡申熙叫警卫员扶着战士上马，自己扛起背包，和其他战士一块走了。

　　从皖西北转过来的红四方面军，在鄂豫皖苏区内绕了一个圆圈后，又回到当初的出发点。10月7日上午，红四方面军进入红安南部的八里湾。红军主力终于从外面打回来了。可是红安已不是昔日的模样。红军主力撤离后，敌人和回乡地主武装多次烧杀肆掠，百姓家的门窗被烧掉了，村庄两旁的庄稼地里长起了蒿草。

　　四方面军总部本待回黄、麻老苏区后让主力稍事休整，再寻机与敌决战，但敌人觉察到红军主力南下英山后，并没有进入他们预想的潜、太山区，而是向黄、麻地区转移，有回到鄂东北抄其后路，威逼武汉的可能，立即从不同方向围追堵截，妄图阻止红军重新进入黄、麻老苏区。

方面军总部命令徐向前以红十师、红十二师进入河口镇以东地区，阻击自西向东推进的敌人第一师和第八十八师；蔡申熙以红十一师和红二十五军的七十三师、七十五师进入冯秀驿、冯寿二地区，抗击自东向西推进的万耀煌第十三师和陈继承追击纵队3个甲种师。

此时，河口、红安至冯秀驿之间有万耀煌之第十三师，从西面堵截红军的胡守南第一师4个团、敌第八十八师俞济时部2个团已先于红军占领河口。胡宗南第一师和有着"御林军"之称的八十八师，以逸待劳，迅速抢占潆水河滩头，沿潆水的河滩、田野修筑了简易工事。胡宗南和俞济时都住在镇内。河口镇变得警备森严。

10月8日下午,蔡申熙指挥红二十五军七十三师、七十五师与敌万耀煌十三师激战至晚，终于将敌人打退，掩护了河口战场的正面歼敌。红十师和十二师攻击河口镇对面潆水河右岸敌人阵地，分割包围胡宗南两个团并将其大部消灭，仅十师就缴获80多支新式轻机枪。

　　红军在河口镇周围左右开弓，各师都在同敌人反复作战。在河口作战正酣之际，敌人第二纵队第二、三师加紧向河口急进，想西进增援河口之敌，并形成对红军的夹击之势。蔡申熙率部于8日由河口北上黄才畈一线，准备抗击。

　　8日下午，张国焘仍按回师黄、麻时的行军路线，随二十五军军部行动。分局和红二十五军军部均设在红安县河口镇以北的上新集镇的黄才畈村。而红军的阻击战线就设在黄才畈村东不到3公里的仙人洞、邹家集、两河口一线，敌人前卫部队第二师进行突击的方向便全部指向这里。

血洒仙人洞

红二十五军军部驻扎在黄才畈村南头大塘边一个商人家,屋四周有几间小耳房。中央分局和张国焘住在军部后面的三间正屋里。蔡申熙就住在第一进门的耳房内。

此时,红军和敌人形成了短距离对峙局面,但敌人在河口至红安一带围攻红四方面军的战场局面正在形成。红军先头部队红十师、红十二师刚进入河口镇以东地区,即同敌人第一师、第八十八师遭遇;红二十五军七十三师和七十五师也在冯寿二同陈继承纵队激战。如果看一下地图上的标识,即使最不懂军事的人也可以看出,红军在这个几十平方公里的弹丸之地,是不可能长时间阻止敌人精锐部队进攻的。

方面军主力在河口周围血战一个昼夜，几乎弹尽粮绝。没有轮换使用的兵力，战士们昼夜不眠，有人打着仗就睡着了。不添油的灯是会灭的，再顽强的生命力，得不到休息，也不能永远支撑下去。人不是钢铁。红四方面军面临的形势可谓危急万分。

张国焘对红军的处境感到一筹莫展。从黄、麻地区到豫东南，从豫东南到皖西北，从皖西北再南下英山、罗田，回到黄、麻老苏区，原想会把红军引向安全地带，可是现在，红军无论怎样左冲右突，都无法回避占有优势之敌设置的包围圈。

这时，蔡申熙走进张国焘的住处。张国焘颇为不安地转着圈，一见到他就急切地说："现在，我们同湘鄂西失去了联系，和中央根据地也处在各自为战的境地。红安地区四周所有通道都被敌人堵死了，敌人也不会让我们回到黄、麻和新集老苏区去！"

蔡申熙看着张国焘那满是黯然、焦虑神色的脸，沉默了一会，他直视着张国焘，说道："张主席，第四次反'围剿'局势已经无可挽回，方面军失去了来自外面援助的任何希望。"

"现在敌人主力集中在红军最有可能突入黄、麻苏区的地点。红军很难冲破敌人封锁线，即使冲进黄、麻苏区，也摆脱不了强敌的追击，只有跳到外线才是最安全的。外线应该以主力向平汉路以西行动，那里敌人力量比较弱，我们可以占领应山、随县、枣阳一带。那里有贺龙部红三军活动的基础，还有红九军活动的基础，又靠桐柏山，群众条件、地形条件均有利。我们到那里，红军主力不但靠拢了，而且部队可以得到补充。再不行，可以远去川、陕、甘，那里有广阔的发展空间。"

张国焘看了看桌上的地图，暗自想："此刻率领红四方面军大军西去，不正是背靠苏联，取得国际援助的时候吗？斯大林也说过，四川是建立根据地最理想的地方。"张国焘知道蔡申熙为了鄂豫皖红军的退路问题，曾花了不少时间研究平汉路西面的情况，并派人前去侦察联络。他点了点头。

"不过，"张国焘沉思片刻，又皱着眉头说，"离开鄂豫皖，国际和中央，还有沈泽民可能都不同意，苏区干部群众也不会同意……"

"可以分步实施。"蔡申熙建议,"第一步暂时跳到外线,待机歼敌,如有可能就伺机打回鄂豫皖。第二步,如果没有机会,就继续西进。让红军主力离开这块苏区……"

张国焘又问:"敌人如此密集,如果我们冲不出去,或者被敌人缠住呢?"

蔡申熙停顿了一下,苍白的脸颊涌起血色,眼中闪烁着压抑而激动的光芒,说:"有这个可能,但我可以率部掩护主力突围。"

"我找昌浩、向前来开个会,统一下意见,再作出具体实施计划,不过申熙,"张国焘试图劝阻他,"让七十三师师长王树声代替你指挥,你和我们一道行动……"

"红军存亡事大,你们先走吧!"

"好,听你的。下一步我们会在夏店附近集结,你在估计我们到达后,即可将防线后撤。你本人须飞马至总部开会,以决定红四方面军下一步行动方案。"

蔡申熙答应了。

分局和军委会迅速议定,分局和军委会率主力北上集结，越过平汉路西进外线作战。蔡申熙率红二十五军阻击敌人，掩护主力突围。

既然确定以平汉路西为新的战斗目标，方面军主力便疾速北进，到夏店至四姑墩地区集结。蔡申熙则从黄才畈军部来到红二十五军阵地的制高点华家河镇毛畈村（现属上新集镇高山庙村）张家田湾仙人洞。当时红军阵地就设在这座山的山背之上。由于山腰有两个天然形成的山洞，当地人称之为"仙人洞"。两个洞贯穿整座山，洞高约2米，洞内十分宽阔，洞前有一块约500平方米的平地。蔡申熙便在这里指挥阻击战斗，掩护中央分局和红军主力部队向夏店集中。

此前，陈继承根据各方报告，知道红军主力现在正位于河口镇至红安城之间，便急令第二师由东南向西北全力猛攻，缠住红军主力。胡宗南指挥第一、第三两师，自西向东，由河口镇向孙家河、苏家田、仙人洞、马家驿夹击。万耀煌第十三师星夜进占华家河、银山寨一带堵击，防止红军北上进入七里坪。陈继承并置第六纵队于红安城北的古峰岭一带，为此次最后"围剿"红军的总预备队，防止红军全力突入黄、麻苏区，自己亲率两个补充团向河口镇推进。不过，红军主力已于8日晚至9日晨跳出合击圈，北向集结至四姑墩、夏店一带。

陈继承第二纵队第二师在后急寻红军主力决战，准备直趋夏店和四姑墩，但进至河口镇东北仙人洞、邹家集、两河口一线高地时，遇到了红二十五军顽强有力的抵抗。

第二纵队第二师师长是黄杰，上次他在七里坪兵败，经过近2个月源源不断的人力补充和物资保障，战斗力已经恢复。他判断，红军几个师向西北方向撤退，速度不会很快，决定在左翼尚未到齐的情况下，由所在位置迅速发起攻击，把撤向西北方向的红军拦腰截断，以报七里坪大战失利之仇。

蔡申熙在仙人洞东边的雪城坳、双台庵设立了第一道战线，阻击黄杰第五旅郑洞国第十团、第六旅第十一团两个团的进攻。

黄杰则占据雪城坳、双台庵一线高地，和红军对峙，然后以郑旅两个团相连的侧翼，集中一半以上兵力，如同两只手举起一只大锤，向雪城坳、双台庵砸去。

上午，红安方向忽然卷起滚滚烟尘。敌人步兵在机关枪、重机枪掩护下，向红七十三师占据的阵地扑来。

敌人的企图很明显，是想趁红军立足未稳之际一举把红军冲垮。蔡申熙命令王树声率七十三师坚决固守，并待机出击打垮敌人。

敌人在优势火力掩护下，冲到红军阵地前。军号声中，伏击在阵地内的红军战士跳出工事，实行阵前反冲击。他们用大刀、刺刀、梭镖和敌人肉搏。红军如此骁勇，吓得有些敌人"手榴弹未拉弦就惊恐地抛了出去"。激战之下，七十三师阵地前沿完全被鲜血染红了。每一个倒下去的红军战士周围，都躺着几具甚至十几具敌人的尸体。

蔡申熙很清楚，红军主力正准备转移，红二十五军的任务是延缓敌人的进攻，还要避开敌人主力以保存实力。他观察了地形。在雪城坳和仙人洞之间有一条大河，叫石灰潭大河，河中深潭密布，而敌人并不知情，这种地形正好为红军所用。蔡申熙下令部队从第一线阵地后撤过石灰潭大河，在河这边沿河构筑阵地，利用地形水势消灭敌人。

中午，又累又饿的蔡申熙正打算吃点饭，可一听到敌人进攻，他立即丢下碗筷，奔到指挥部外指挥战斗。

子弹密密麻麻地打过来，敌人的炮弹啸叫着落地爆炸，烟雾遮天。敌人开始渡河攻击了，冲在前面的掉入河中，红军乘机射击，给敌人以大量杀伤。

蔡申熙跟战士们一块战斗。丰富的战斗经验、坚定的决心、为掩护方面军主力而杀死敌人的使命，使他和战士们的情绪越来越激昂，行动越来越沉着。

战斗，一秒比一秒更猛烈的战斗，考验着每一个战士的思想、意志、力量。决心、仇恨、怒火、拼命……生死关头，战士们仿佛把全部力量都集中在这一次战斗上。红二十五军像巨人一样，在千里行军，未得到任何休息和补给的情况下，和原来的老对手激战，勇猛冲杀，扼守在阵地上。从上午至下午，他们击退敌人整整两个团的8次轮番冲锋，使敌人丢下上千具尸体而无法超越红军防线半步。但是红军的反冲击没有将敌人彻底打垮。他们的子弹已经不多，在攻至敌人据守的雪城坳、双台庵高地时，被敌人守卫部队用猛烈的火力拦阻住了。而且敌人第七团、第十二团从南北两翼迂回过来。正面战场敌人总兵力达到 4 个团，已超过七十三师 3 个团的总兵力。蔡申熙只得下令撤退。

仙人洞四周山石被敌人的轻重机枪打得冒起一溜溜尘土，炮弹不断在阵地上爆炸，弹片和炸碎的石块不断飞进洞内。

9 日下午，正面黄杰第二师只发动了几次牵制性进攻。他是在等待左翼的胡宗南第一师和俞济时第八十八师北上，右翼的万耀煌第十三师南下。红二十五军已经三面被围，情况十分危急。

"我们是否能够撤退？"王平章问蔡申熙。

"敌人攻势太猛，分局和总部还有危险，继续顶住，坚守阵地。"蔡申熙知道，进攻的除了黄杰、郑洞国、俞济时部，还有胡宗南部，大批敌军正蜂拥而来。

"蔡军长、王政委，"王树声快步跑来，急促地说："徐总指挥刚才派人送来急信，说总部和方面军主力已从河口地区全部北转到夏店和四姑墩地区。分局和总部驻在黄才畈村，即将召开联席会议，徐总请您二位立即回去准备参加晚上的会议。"

"红二十五军任务是什么？"蔡申熙问。

"没有变化。原地坚守，坚决抵抗，掩护主力突围，保卫总部开会，至明日晚撤退。"

蔡申熙朝着河对岸敌人的阵地方向看了一眼，对王平章和王树声说："明晚开会，明天走也赶得上。我们再留在这里观察观察敌情吧。"

王树声说："您和军政委还是快离开这里吧。请军长、军政委放心，我一定指挥部队完成阻击任务。"

蔡申熙沉吟半晌，摇摇头。他走出仙人洞，看到天上已下起毛毛细雨，战士仍然守护在阵地上。他们都是 20 岁左右的小伙子，可是胡子都长得老长，军衣破烂，10 个人就有 9 个光脚板，但是他们那一双双眼睛，都闪烁着坚定的光芒。他实在不愿意离开这些可爱的战士。

蔡申熙在阵地上指挥部队，又和敌人打了将近一天，已经一天多没有吃饭了。10 号中午，军部警卫战士们趁枪声停止的间隙，强行把他拉回了指挥部，给他端上来一碗野菜。

蔡申熙同王平章在仙人洞外吃着迟到的"午饭"。细雨透过树枝洒在他们身上,他俩埋头匆匆吃着,谁也没有说话。他们都很清楚,红军的状况糟透了。敌众我寡,敌人火力也比红军强,红军伤亡很大,不可能长期坚持下去,好在方面军主力从黄、麻苏区西北角突围出去了,挺过今天下午和晚上,红二十五军即可向后撤退。那时他们就可以和红军主力一道,西出平汉路,会合红三军,打开一片新天地……

一碗野菜还没有吃完,从仙人洞山下传来枪声和高声喊叫。"全体注意!准备战斗!敌人冲上来了!"在前方值日的军作战参谋大声喊道。

在雪城坳大路方向,河边树林里开始响起巨大的枪炮声和喊杀声。

蔡申熙扔下碗,拿着枪就往东北山岗上跑,边跑边命令:"特务队跟我来,传令各团战士进入阵地!"他跑在最前面,动作是那样敏捷,不像负过伤似的,连警卫员也被落在后面。

他来到仙人洞山顶上,用望远镜望去。不远的大路上，升起了敌人山炮爆炸时掀起的烟尘。在灰蒙蒙的烟尘中，可以看到大约有两个团的敌兵。红军阵地前面到处都有敌人士兵在骚动。

山下守卫部队正对着靠近山脚的敌军射击，但敌人仍然向山头上涌来。不多时，即有人上来报告，前沿阵地已被敌军抢去，对方火力太猛，故暂撤退。机枪子弹也已飞到指挥所前。跟上来的王平章提议，是否可以将军指挥所后撤。

蔡申熙摇了摇头："不可。此时移动指挥中心，将会造成全军混乱。分局和总部就在我们后面，告诉七十三师坚守，让七十五师有可能的话，尽力派一个营前来支援。我们宁死勿退，务须堵住敌军。"

有一颗炮弹在仙人洞前爆炸了，接着，机枪、步枪像鞭炮一样噼啪作响。子弹射来的声音已不再是"嘘嘘"声，这说明敌人是抵近射击了。从前面及右边山坡上射过来的子弹，已构成密集的火力网，军指挥所已成了敌人集中射击的目标。

蔡申熙咬紧牙，心里下了决定。这位平时很少发火，总是笑眯眯地待人，被朋友称作"眯公"的战将，此时愤怒地对王平章说："兵来将挡，水来土掩。敌人就算满身是嘴，又能吃几个人！仙人洞现在是全线最重要的一环，如被突破，则阵脚全坏，战局将不可收拾！现在我们一定要守住这里。把敌人打个落花流水！"

这时，王树声赶过来。蔡申熙喊了一声："告诉部队，先用火力杀伤，等我命令发起攻击……"话音未落，从对面打来一颗子弹，正中他的小腹部，又从腰背后飞出去。他咬紧牙关，一手捂住伤口，一手继续挥枪射击，直至摔倒在地。两个警卫员跑过来，将他抬到担架上。

王平章跳出战壕，大声怒喝："蔡军长负伤了，同志们听我指挥！一定打垮敌人，为蔡军长报仇！"

"冲呀！杀呀！决不后退一步！"战士们的喊声震天动地。

即便受伤，蔡申熙依然坚持用一只手扶着担架棍，用另一只发抖的手指挥着战斗。他大声鼓舞着战士们，简直是用自己的全部力量在喊……

这就是国民党《"剿共"战史》记载的令他们心

惊胆寒的反冲击："6时30分，'匪'复以大部向我第十及第十一两团中央阵地雪城坳猛烈反击……虽经我猛火压迫，死亡枕藉，但'匪共'仍涌如潮水，前赴后继。"

　　红二十五军用集中的火力再次重创敌第二师。进攻之敌不敢贸然出击，等待援军。两军暂时形成对峙，这就为鄂豫皖中央分局及红四方面军总部研究下一步行动决策争取了宝贵时间。

将星陨落

两个月前，鄂豫皖苏区还有着 4 万平方公里的土地，现在只剩下黄才畈至四姑墩这方圆几十里的弹丸之地了。这块小苏区地处黄陂、红安、大悟交界处。分局、军委、红四方面军，以及一些没有离开的"跑反"干部、群众都等在这里。

敌人已侦知红军正往西北方向集结，从多个方向向红军进逼。所有的敌人都想立功，都想要切断、阻截、俘虏、击溃红军，成旅成团地对红军发起攻击。红军处在方圆几十里的"口袋"中，面临着巨大的危险。

总部以蔡申熙指挥红二十五军七十三师和七十五师在仙人洞一线殿后阻止追击

之敌，以十二师置于前卫，以十师、十一师置于两翼。红军前托后顶，左推右撑，竭尽全力，用血肉之躯，为决定红四方面军命运的鄂豫皖中央分局和鄂豫皖军委会联席会议赢得时间。

在黄才畈总部所在地，张国焘、陈昌浩、徐向前都在急切地等待着蔡申熙等人的到来，可是等来的只有王平章，他带来了蔡申熙负伤的不幸消息。

蔡申熙被抬下战场，送到红军医院里。曾广澜得到通知赶来时，蔡申熙已经昏迷过去了。曾广澜来到担架前，看到蔡申熙担架下面还在滴着血水，把担架下的地面都染红了。

曾广澜心中一阵刺痛。她轻轻地拿开蔡申熙的军帽，看见他脸色惨白，微微地闭着眼睛。曾广澜流着泪急切地喊道："申熙！申熙！"蔡申熙听到这熟悉的呼喊，渐渐清醒过来，看到曾广澜泪流不止，还劝慰她说："广澜，我不能再和你一起了，你……你要永远……永远听党的话，坚持……坚持斗争下去……革命一定……一定要胜利的，人类……一定要解放的。你……你……别难过！我的那一大包笔记本和日记本，你要保管好！你……要永远跟党走……坚持下去！"一阵剧痛袭来，他又昏迷过去。

这时，张国焘、陈昌浩、徐向前、曾中生等也来到蔡申熙身边。徐向前低声问医院院长苏井观："伤得怎样？"苏井观忧心忡忡地摇了摇头，小声地说："子弹打进腹腔，内脏已经破裂，腹腔大量出血，我们可能无法挽救他的生命。"红十二师师长陈赓和红七十三师师长刘英也负了伤，他们呆坐在旁边，默不作声。

徐向前俯下身，用手拭了拭蔡申熙的额头，烫得惊人。曾广澜抽泣着，双手轻轻地搬动蔡申熙的头，贴在他耳边说："申熙，张主席和徐总指挥来看你了。"

蔡申熙悠悠醒转。他疼得头上冒出了豆大的汗珠，牙齿咬得咯咯作响，却依然勉力说道："张主席，徐总指挥，谢谢你们来看我，我不行了。"

"目前的局势很危急，我们正等着你来开会讨论这件事，谁想到你……"徐向前觉得自己胸口堵得慌，"党的事业非常需要你，红军的事业非常需要你！你一定要活下来！"

蔡申熙苍白的脸上泛起了微笑："总指挥，我恐怕不行了，我有一个要求，你能答应我吗？"

徐向前轻声问："有什么要求，就尽管说吧！"

"总指挥，我向张主席报告过，在鄂豫皖苏区待不下去的话，红军必须拼死突过平汉铁路。你要想尽一切办法把部队带出去，我是不可能出去了，你们赶快，多出去一个，就多为革命保存了一个……"濒死之际，他考虑的仍是红军的前途。

徐向前心里难受极了，喉头哽得说不出话来。张国焘也流泪了。屋外传来一阵阵炮声，因为离得不是太近，听去就像轻雷在天边滚动。但从那密集的程度，可以想见战况的激烈。张国焘看了看曾广澜，对陈昌浩、徐向前等人说："军情紧迫，我们还要去开会，只有走了！医院要尽最大努力救治。"

1932 年 10 月 10 日，在黄才畈村一个磨坊里召开了决定红四方面军前途的紧急会议，史称"黄才畈会议"。经过争论，会议决定以中央分局、军委会偕方面军总部，率红四军第十师、十一师、十二师、少共国际团和红二十五军第七十三师，共 20000 余人，枪

15000余支，跳出平汉路以西，大举西征，会合贺龙红军，目的是伺机打回鄂豫皖根据地。留下红二十五军七十五师和红九军二十七师与各独立师、团，由沈泽民等省委诸同志负责，在根据地坚持斗争。

蔡申熙在剧痛中昏迷，又在剧痛中醒来，在生与死的边缘挣扎了近一天。傍晚，他又被疼醒。他注视着曾广澜，艰难地伸出未受伤的左手，搂着爱人的头挨近自己，要她不要哭。"我……我死……死也死在光荣路上……"随后，他闭上了眼睛。曾广澜摇晃着他，把自己的脸贴近他脸庞呼唤着，但是，蔡申熙再也不能回答这深情的呼唤了。这时，他还没满27岁。

1932 年 10 月 12 日夜，20000 余名红军健儿分成两路纵队，分别从广水以南、王家店以北越过平汉铁路，踏着石子和沙砾，按照蔡申熙设计的路线，离开大别山，向平汉路西急进。

大军西去，英雄的红四方面军谱写了一部惊心动魄的英雄史诗。1932 年 12 月 18 日，英雄的红四方面军经过三千里血战，翻越秦岭，进入大巴山中，再次找到孕育壮大自己的摇篮。他们拭干自己身上的血迹，再次开创了一片仅次于中央苏区的川陕苏区，发展成为拥有 10 万人马的红四方面军。

红四方面军在四川通江站稳脚跟以

后，由总政治部主任张琴秋主持，为蔡申熙举行了追悼大会。刚刚摆脱困境的红四方面军指战员大放悲声。人们都为在第四次反"围剿"中失去蔡申熙这位战将而惋惜。

1934年1月，红四方面军为缅怀蔡申熙烈士，在川陕革命根据地的陕西省宁羌县一带的关口坝设立申熙县，以示纪念。

作为鄂豫皖苏区党和红军的主要领导者之一，蔡申熙纠正红军中的不良习气，改善领导方法，提高正规化程度，促进了鄂豫皖红军的建设。他德才兼备，深孚众望，连张国焘也不得不承认，他"在战略见解上则往往有独到之处"，是"具有战略见解的人才"。

徐向前元帅后来在《历史回顾》中写道："蔡申熙同志是红十五军的主要创始人之一，对鄂豫皖红军的建设和发展作出了重大贡献。他不仅具有战略家的胆识和气度，而且在历次战役战斗中机智果断，勇猛顽强，因而在红四方面军中有很高的威望。在河口镇地区作战中，他身负重伤后躺在担架上仍指挥战斗，直至坚持到胜利，充分表现了一个杰出红军高级指挥员的责任感和无畏精神。他的牺牲，是红四方面军的重大损失，大家都很难过。"

1960 年 10 月 1 日，《人民日报》刊发刘伯承元帅的《纪念蔡申熙烈士》一文。文中写道："在第二次国内革命战争时期，我与蔡申熙同志在周恩来同志主持的党的军事委员会之下工作。他给我的印象是：忠诚勇敢，工作认真。"

这些，都是对蔡申熙这位征战一生，驰骋沙场，为人民解放事业英勇献身的战将的颂歌。

《英烈故事丛书》书目

单行本（95种）

为国捐躯·宋教仁	浏阳河畔播火人·潘心元
首义功臣·蒋翊武	从容莫负少年头·何孟雄
辛亥革命元勋·黄兴	英勇最年少·欧阳立安
护国元勋·蔡锷	革命"向导"·蔡和森
黄埔奇才·蒋先云	飞将军·黄公略
湘南农民运动的先驱·雷晋乾	为大众之生息·曾士峩
献身信仰的革命伉俪·田波扬与陈昌甫	我要追求光明·李灿
爱国岂能怕挂头·郭亮	文武奇才·陈奇
只要主义真·夏明翰	忠魂直上重霄九·柳直荀
全党党员之楷模·罗亦农	革命理想大于天·毛简青
中共第一女委员·向警予	军中智囊·蔡申熙
红军骁将·王尔琢	共和国第一烈士·段德昌
吾将吾身交吾党·贺锦斋	游击队女司令·贺英
伉俪遗书感天地·陈觉与赵云霄	坚定的农民革命者·毛福轩
傲霜秋菊女英豪·毛泽建	用生命实现革命诺言·黄励
热血谱春秋·颜昌颐	工人运动的杰出领袖·邓中夏
第一位女共产党员·缪伯英	"新华英烈"第一人·周以栗
血染苏中沃土·何昆	断肠明志·陈树湘
共和国第九烈士·陈毅安	女党员之杰出者·何宝珍
从富家公子到红军名将·胡少海	最年轻的红军军团长·寻淮洲
工农运动的领袖·罗学瓒	中共创始人之一·何叔衡
一代"骄杨"·杨开慧	血染的红军利剑·钟纬剑

红军优秀的指挥员·毛泽覃

铁血儒将·曾中生

独臂将军·刘畴西

餐风饮露志如虹·蔡会文

"红色管家"·陈为人

长征虎将·谢嵩

骑兵政委·邓永耀

赤胆忠烈·涂正坤

虎贲将军·郑作民

游击专家·张正坤

回民支队政委·郭陆顺

革命宣讲家·谢翰文

愿拼热血卫吾华·左权

太行女杰·黄君珏

白手起家建兵工·吴师孟

"红色大管家"·毛泽民

将军百战死·彭士量

孤军抗日寇·吕旃蒙

南征北战血洒蕉山·梁鸿钧

坚贞不屈的共产主义战士·朱克靖

卧底将军·谢士炎

永不消逝的电波·李白

骆驼精神耀千秋·任弼时

青山处处埋忠骨·毛岸英

舍己救人的国际共产主义战士·罗盛教

人民公仆·林伯渠

为人民服务·雷锋

战士永生·欧阳海

从白面书生到红军骁将·曾日三

人民司法制度奠基人·谢觉哉

从将军到开国部长·滕代远

大青山上一杆旗·姚喆

战功卓著的开国上将·邓华

公安英模·官同生

为民肝胆酬·罗健夫

长征路上唯一的大学教授·成仿吾

用笔战斗的大将·谭政

军之良才·朱良才

烈火中永生·鲁运新

智勇双全·彭明治

理论界的鲁迅·李达

洪水中的丰碑·胡宗亮与吴娅莉

人民公安为人民·蒋学远

为民书记·郑培民

新世纪的"欧阳海"·雷宏

热血铸警魂·张杰明

青春热血卫海疆·杨松林

大爱无声·谭千秋

爱民模范·宋文博

献身强军目标的好兵·李影超

逐梦海天的强军先锋·张超